Alternative Korrelation des Maya-Datums

Pierluigi Peruzzi-Damasco

Alternative Korrelation des Maya-Datums

Pierluigi Peruzzi-Damasco

Eine alternative Möglichkeit der Korrelation des Maya-Datum, die im Widerspruch zum aktuellen Wissensstand steht.

Die Deutsche Nationalbibliothek verzeichnet diese Publikation in der Deutschen Nationalbibliografie; detaillierte bibliografische Daten sind im Internet über http://dnb.dnb.de abrufbar

© 2016 Pierluigi Peruzzi-Damasco, Autor

Herstellung und Verlag
BoD - Books on Demands, Norderstedt

3. Auflage v. November 2017

ISBN - 978-3-7412-8382-6

Vorwort

In dieser verbesserten 3. Auflage möchte ich weiterhin eine alternative Korrelation des Maya-Kalender aufzeigen. Mir geht es nicht um exakte Tagesdaten, sondern um die **alternative Korrelation mit den Jahren des gregorianischen Kalenders**.

Ich behaupte dass 1 Baktun exakt 400 Jahre lang ist und nicht 144'000 Tage. Sogar, dass ein Tun wahlweise mehr oder weniger als 360 - 370 Tage haben kann und nicht exakt 360 oder 365. Aus diesem Grund sollten Sie sich von diesem Buch distanzieren, falls Sie an einem Geschichtsstudium in einer öffentlichen Schule am absolvieren sind.

Dieses Buch ist vielmehr für diejenigen gedacht, die neue Wege suchen um endlich die Korrelation der Mayadaten mit den astronomischen Ereignissen in Einklang zu bringen. Die Lösung, die uns heute geboten wird, vor allem den „Long-Count", betrachte ich als Phantasiekonstrukt.

Pierluigi Peruzzi, November 2017

Das Jahresdatum der Maya

Die <u>alternative</u> Korrelation des Maya-Datums
nach Pierluigi Peruzzi

Einleitung

Seit 500 Jahren wird behauptet, dass die Maya einen "Tageskalender" hätten, dessen Jahre mit 365 Tagen gezählt werden - oder sogar nur mit 360 Tagen. Jener Kalender soll zudem nach Tagen ablaufen und nicht nach astronomischen Sonnenjahren. Zudem soll ein Long-Count der Tage über die Jahre hinweg laufen.

Nachdem man dem Volk der Maya einen unlogischen Kalenderaufbau zumuten will, kam ich zum Schluss, dass die gebotene Lösung nicht stimmen kann.

Passend zu diesem Kontext soll Bischof Diego de Landa seinerzeit behauptet haben, dass die Maya alle vier Jahre ein Schaltjahr einlegen würden. Auch das kann ich nicht glauben. Dass er gar nichts verstanden hat, beweist seine wissenschaftliche Kapitulation, als er in seinem christlichen Wahn alles verbrennen und sämtliche Mayagelehrten umbringen liess. So blieb hinterher niemand und nichts mehr übrig der uns den Maykalender erklären konnte. Dennoch sprechen die Datumsangaben auf den Bildern, Stelas und Codizes ganze Bände.

Man muss sich ja dessen Bewusst werden, dass die Maya die Sonnenfinsternisse, Mondzeiten und Venusstände kannten. Wie sollte man diese überhaupt berechnen können, wenn der Kalender nicht stimmt? Man hört ja immer wieder von einem sogenannten "Korrelationsproblem". Ein Problem, das ich anders als die Anderen sehe und Euch gerne aufzeigen würde.

Zudem betrachte ich die Aussage, dass die Maya in Abertausenden von Tagen rechneten, als vollkommen unrealistisch. Das ergibt keinen vernünftigen Sinn, bei einem Volk das zu jedem Frühling ein Volksfest veranstaltete und astronomische Einrichtungen baute. Diese Tausenden von Tagen sind eher als Erfindung der christlichen Mönchen zu verstehen, die nach dem Tod von Bischof de Landa einreisten und keine Mayagelehrten mehr vorfanden. Die besagten Mönchen kamen mit den aztekischen Kalender (NICHT dem Maya-Kalender) nicht klar und so erfanden sie einen Zyklus von 52 Jahren. Aber diese 52 Jahren sind keine Erfindung der Maya.

Auch stolpert man immer wieder über den aztekischen Kalender, wenn man eine Lösung zum Maya-Kalender sucht - das ist komplett irreführend.

In der Folge möchte ich aufzeigen, dass die Maya in ganzen, korrekten Jahren rechneten. Vorerst einmal wollen wir die "Tun" und die "Haab" strikte auseinanderhalten.

Die prinzipielle Logik eines Kalender

Zuerst muss man sich fragen: Wozu dient ein Kalender?

Meiner Ansicht nach besteht die Aufgabe eines Kalenders darin, den ganzen Ablauf einer Gesellschaft zu koordinieren. Um diesen Ablauf zu koordinieren, bedarf es eines astronomischen Kalenders, der im Grossen und Ganzen die Jahreszeiten berücksichtigen muss. Mais oder Korn müssen schliesslich zu bestimmten Zeiten gesät werden und auch die Jagd will gut koordiniert sein. Zudem müssen viele Saläre periodisch bezahlt und andere finanzielle Verpflichtungen geordnet werden. Dazu bedarf es einen Kalender mit Monaten oder Wochen, der allen diesen Aufgaben gerecht wird. Mit anderen Worten: Ein Kalender, der die 365,256 Tage des Jahres respektiert und eine saubere Aufteilung aufweist.

Da wir hier die Korrelationsprobleme zwischen dem Maya-Kalender und dem Gregorianischen Kalender besprechen, möchte ich alternativ und als objektives Beispiel der **flexible Jahreskalender der Chinesen** einbringen. Denn die Chinesen haben nicht den flexiblen Monat Februar oder den "Uayeb" der Maya, sie haben das Problem anders gelöst. Das Jahr der Chinesen fängt immer nach einem bestimmten Neumond, nach dem kürzesten Tag an.

Und zwar dann, wenn es deutlich wieder wärmer zu werden beginnt und in Mittelchina der Frühling langsam erwacht. Dieser sehr flexible Kalender erlaubt es dann den fehlenden Vierteltag einzubeziehen. Zwar hat damit jedes Jahr eine komplett andere Anzahl an Tagen, doch die Jahreszeiten werden im Grossen und Ganzen respektiert. Bei den Mayas läuft es meiner Meinung nach sehr ähnlich ab.

Tun & Haab

Dass die Maya schlussendlich auf korrekte Jahre kamen, wird durch deutliche Tatsachen und verschiedene Indizien bewiesen. Trotzdem muss man berücksichtigen, dass der Zyklus des Jahres "**Haab**" den 19 Monaten der Maya entspricht. Also ein Kalenderjahr bedeutet. Während das Jahr "**Tun**" das effektive siderische Jahr von 365,256 Tagen darstellen sollte.

Das "Haab"

Die Maya veranstalteten jedes Jahr Frühlingsfeste. Zudem haben die Maya auch immer den ganzen **"Jahreszyklus des Haab"** mit seinen 19 Monaten dargestellt. Das Bild oben ist ein starkes Indiz für meine Theorie. Denn dieses Bild des vollen Jahreszyklus des "Haab" zeigt unmissverständlich auch den 19. Monat "Uayeb".

Das es keinen 20. Monat gibt, wird auch durch die Tatsache bekräftigt, dass in den Inschriften der Maya die Monate von x.x.x.0.x - x.x.x.18.x zu finden sind. Da die Nummerierung mit 0 anfängt ist zwangsläufig die Zahl 18 als der 19. Monat zu betrachten.

Ein 20. Monat ergäbe so die 19, die aber an der 4. Stelle der Mayadaten nirgends zu finden ist.

0	Pop	1. Monat
1	Uo	2. Monat
2	Zip	3. Monat
3	Zotz, Sotz'	4. Monat
4	Zec, Sek	5. Monat
5	Xul	6. Monat
6	Yaxkin, yaxk'in	7. Monat
7	Mol	8. Monat
8	Chen, Ch'en	9. Monat
9	Yax	10. Monat
10	Zac, Sak	11. Monat
11	Ceh	12. Monat
12	Mac, Mak	13. Monat
13	Kankin	14. Monat
14	Muan	15. Monat
15	Pax	16. Monat
16	Kayab	17. Monat
17	Cumku	18. Monat
18	Uayeb / Wayeb	19. Monat

Die ersten 18 Monaten haben 20 Tage. Eine Ausnahme bildet der 19. Monat. Der 19. Monat kann man als "Ausgleichsmonat" oder Schaltmonat betrachten.

Jedoch gerade "Haab" und "Tun", die nicht das Gleiche bedeuten, sind stark irreführend, wenn man sie nicht strikt auseinanderhält.

Die Maya hatten sogar astronomische Einrichtungen gebaut, wie zum Beispiel das Maya-Observatorium von Chichén Itzá. Sie hatten folgedessen zumindest astronomische Grundkenntnisse und ganz bestimmt wussten Sie wie lange ein siderisches Jahr ist.

Wie bereits erwähnt, ist meiner Meinung nach der **alte Aztekische Kalender** fehlerhaft. Bereits in einem früheren Text hatte Francisco de las Navas geschrieben: *"Diese Eingeborenen sind immer verwirrt, weil sie kein Schaltjahr haben"*. Die 13 Schalttage in einem Zyklus von 52 Jahren wurden scheinbar auf Bemühen der christlichen Mönche eingeführt, um den Azteken (nicht den Maya) das Schaltjahr zu ermöglichen.

Also müssen wir nun ein für alle Mal zwischen dem Aztekischen- und dem Maya-Kalender differenzieren. Auch die 52 Jahre sind vorerst einmal wegzudenken. Denn diese zwei Kalender haben nichts gemeinsames. Zudem stammen sie aus 2 verschiedenen Kulturen.

Hierzu möchte ich auch John Seberg zitieren:

John Seberg schreibt in seinem Buch "Der Maya-Kalender 1501-1600" über das Problem der Korrelation:
"Die spanischen Eroberer haben sich überhaupt nicht um die vorhandene Maya-Kultur gekümmert, ja sie haben sogar mit christlich missionarischem Eifer möglichst alle Zeugnisse der aus ihrer Sicht heidnischen Kultur zerstört. Daher gibt es keine historisch verbürgte Korrelation zwischen dem Maya-Kalender und dem julianischen bzw. dem gregorianischen".

Da hat er leider recht.

Weiter schreibt J. Seberg: *"Da sich die Maya sehr intensiv mit Astronomie befasst haben, sind unter den wenigen erhaltenen Schriftwerken einige mit astronomischen Aufzeichnungen. So können Sonnen-, Mond-, Venus und Jupiterdaten für die Korrelation herangezogen werden."* Tja, hier beschreibt er etwas richtig, aber man führt es heute "irreführend" aus.

Als endgültiger Beweis meiner Theorie werde ich in der Folge, die exakte Korrelation mit den astronomischen Daten aufzeigen. Hier wurden ganz klar in den letzten 500 Jahren nicht nach alternativen Lösungen gesucht. Man beharrt lieber stur bei den Abertausenden von Tagen. Die sind so irreführend, dass selbst intelligente Wissenschaftler sie nicht widerlegen können.

Der Disco de Chinkultic
Eines der starken Indizien meiner alternativen Korrelation

Der **"Disco de Chinkultic"** ist der eigentliche Grundstein meiner alternativen Korrelation.

Es handelt sich um eines der schönsten Maya-Artefakten, zeigt auf das Maya-Datum 9.7.17.12.14.11 und ist eines der frappantesten Beispiele des Mayakalenders. **Nach meiner eigenen Rechnung** ergibt es das Gregorianische Jahr 568/69 n.Chr. Das stimmt exakt mit meiner Theorie der Jahresbestimmung überein, denn sowohl am 4. Dezember 568 wie auch am 31. Mai 569 waren 2 Sonnenfinsternisse über Yukatan zu sehen. Ein einmaliges und seltenes astronomisches Ereignis innerhalb von nur knappen 7 Monaten. Ein sehr rares Event in der Geschichte der Menschheit!

Aber **laut den heutigen Gelehrten soll diese Scheibe einen Ballspieler zeigen. Dem widerspreche ich aufs heftigste!** Hier hat die Liebe zum Fussball und Basketball wohl unsere Gelehrten auf die falsche Fährte geführt.

Was zeigt uns tatsächlich diese Platte: **Meiner Meinung nach einen Gott, der neben der grossen Scheibe des Mondes belustigt 2 Daten in**

den Händen hält und hin und her schaut! Zudem Sitzt er noch obendrein frech auf der Sonne.

Aber scheinbar bin ich nicht der einzige der so denkt, denn bis heute konnte ich übers Internet die Zahlen auf den 2 Tafeln nicht eruieren. Sonst wäre es noch einfacher gewesen die Differenz in Tagen umzurechnen und mit der Differenz der realen Sonnenfinsternisse zu kontrollieren.

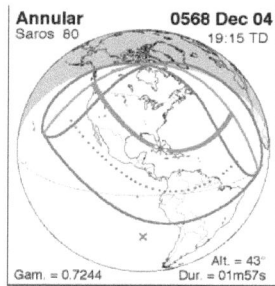 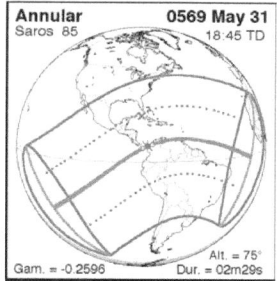

Oben, Bilder der NASA, USA
Die zwei Sonnenfinsternisse innerhalb von nur 12 Monaten

Sehr gerne würde ich endlich die Daten auf den 2 Platten in der Mitte des Bildes haben, dann könnte ich mir selbst sagen, ob ich recht habe oder nicht.

Vielleicht hilft mir jemand von Euch und übermittelt mir die Daten per E-Mail. Meine Adresse finden sie sehr leicht im Internet, da ich kein alltäglicher Name habe.

Nun wollen wir auf der Basis meiner Theorie eine exakte Rechnung nach Maya-Jahr und unser Kalenderjahr machen.

Das Codex Dresden

Die Seite 50 des "Codex Dresden" (nach dem PDF den ich auf meinem PC habe) untermauert dann endgültig meine Theorie der Korrelation mit den Sonnenfinsternisse und sogar der Supernova im Jahre 1054. Dies bezieht sich auf Punkt C im unteren Bild.

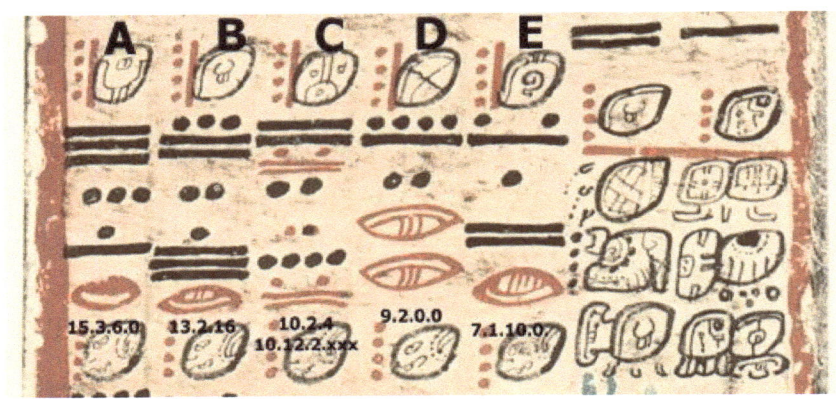

Auf den folgenden Seiten werde ich meine Ansichten über die obigen Punkte A bis E in detaillierter Form erläutern.

A: 15.3.6.0. zeigt uns, nach meiner Theorie, die Jahre 2876/2877. Darüber haben wir natürlich noch keine reellen Mond- und Sonnenstände, so überspringen wir erst einmal diese Stelle.

B: 13.2.16.0 zeigt nach meinen Berechnungen die Gregorianischen Jahre 2067 und 2068 und auch da ist eine geniale Verbindung, denn hier kommen ganz deutlich 3 Sonnenfinsternisse innerhalb von nur 18 Monaten zusammen. Auch ein sehr rares Ereignis. Die Daten sind:

2067.06.11
2067.12.06 und
2068.11.24.

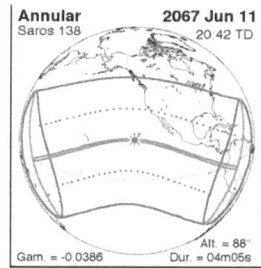 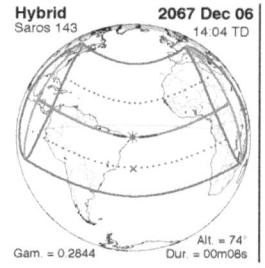 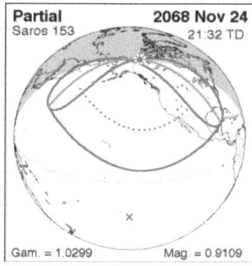

Quelle der Bilder: NASA, USA

C: Und nun **ein korrigiertes Datum! Ausgezeichnet**! Es sind 2 Daten ineinander "verschachtelt". Das Originaldatum lautete 10.2.4., oder nach meiner Berechnung das Jahr 855/56. **Da gab es auch 2 Sonnenfinsternisse innerhalb von weniger als 6 Monaten. Am 17.07.855 und am 11.01.856.**

Aber nun kam plötzlich etwas vollkommen unerwartetes für die Maya und sie korrigierten das Datum auf den 10.12.2.x.x. Das wäre ja (nach meinen Berechnungen) unser Jahr 1053/54 und siehe da: im April 1054 war die riesigen SUPERNOVA im Sternbild Stier zu sehen. Also das Jahr, wo es 2 Tage lang keine Nächte mehr gab!

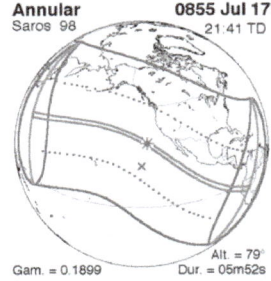 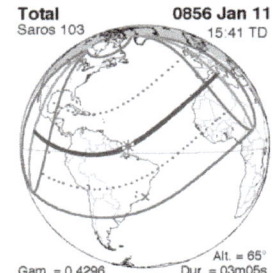

Quelle der Bilder: NASA, USA

Diese Korrektur im Codex Dresden hat mich eigentlich bekräftigt das vorliegende Buch zu veröffentlichen. Ohne diese Korrektur wäre ich Mäuschenstill geblieben und hätte es nicht gewagt meine vorliegenden Ansichten publik zu machen.

D: 9.2.0.0. Hier wird es lustig. Wir hatten innerhalb von nur 3 Jahren ganze 4 gut sichtbare Sonnenfinsternisse über Yukatan. Die Daten sind

    450.04.27
    450.10.21
    451.10.10 und
    453.24.24.

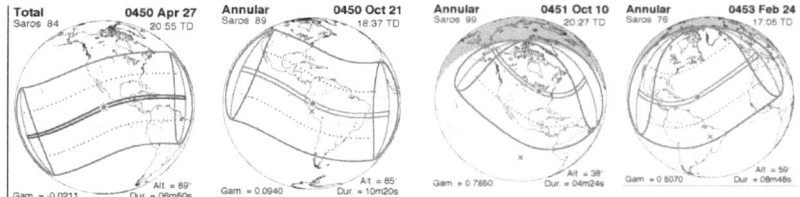

Quelle der Bilder: NASA, USA

E: 7.1.10.0. nach meiner Skala (siehe unten) ist es unser Jahr -359/58, also vor unserer Zeitrechnung. Die sichtbaren Sonnenfinsternisse um dieses Datum waren:

-361.11.16
-360.05.12
-359.05.01
-358.09.16 und
-357.03.11

Insgesamt hatten wir also innerhalb von 4 Jahren ganze 5 Sonnenfinsternisse über Yukatan! Vermutlich hat hier der Maya-Schreiberling die Daten zusammengezogen.

Weitere Erkenntnissen

Ich musste für meine Berechnungen irgendwo einen Ausgangspunkt setzen. So habe ich als Startjahr, das Gregorianische Jahr 568 genommen. Von diesem Jahr aus bin ich dann weiter gezogen.

Doch so einfach ist es nicht. Denn wie bei den Chinesen, ist auch das "Tun" zu unserem Kalenderjahr "versetzt". Bei meinen Überprüfungen habe ich dann immer mehr feststellen müssen, dass die Jahre der Maya sehr wahrscheinlich an einem der 2 Tagen, wo die Sonne im Zenith steht, anfangen. Da die Halbinsel Yukatan sich unterhalb des nördlichen Wendekreis befindet, müssen zwangsläufig, innerhalb weniger Monaten, 2 versetzte Tage gelten. So erlaube ich mir für den Beginn des Kalenderjahres der Maya einfach den Sommerbeginn zu nehmen, oder auch den Äquinoktium der nördlichen Halbkugel. Sehr weit von der Wahrheit liege ich bestimmt nicht entfernt. Aber müssen trotzdem noch mit einem Fehlerkoeffizienten von 20 - 40 Tage rechnen, da das alte Mayareich sich von Norden nach Süden erstreckt.

Nun ein grafisches Beispiel von den "versetzten Jahren" (so wie ich das sehe) zwischen dem Maya- und unserem Gregorianischen Kalender:

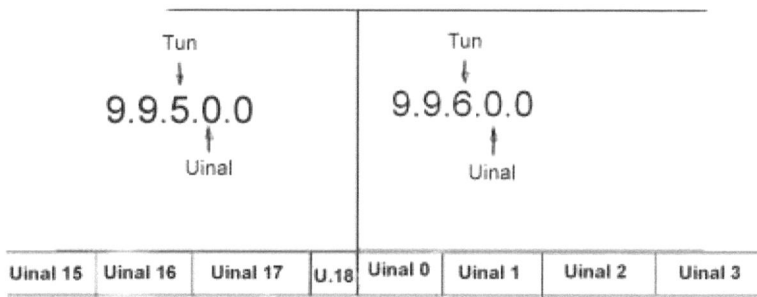

Oben: Das Maya-Jahr "Tun", fängt meiner Meinung nach auf der Halbinsel Yukatan circa am ersten Sonnenhöchststand an. Ich konnte bis jetzt den exakten Tag noch nicht eruieren, da es jedes Jahr und in jeder Stadt in Yukatan ein anderer ist.

Der Verfasser dieses Buches ist der Ansicht, dass ein kompletter Neubeginn eines Haab, nach dem Monat Uayeb sehr realistisch ist.

Einen Long-Count der Monate, so wie es unsere Wochen und Tage im Gregorianischen Kalender darstellen, schliesse ich aus.

Wichtiger Hinweis: Der Autor nimmt als ungefähre Maya-Jahreswende den ersten Sonnenhöchststand jedes Jahres (Tun) an. Dieses Datum stimmt bestimmt nicht jedes Jahr mit dem Gregorianischen Kalender überein und kann um etliche Tage verschoben sein. Insbesondere bei bewölktem Himmel werden die Maya-Priester Mühe gehabt haben, den exakten Tag angeben zu können. So können Differenzen von 4 - 10 Tagen entstehen.

Das Hauptproblem in der **Suche nach dem Beginn eines "Tun"** (Maya-Jahr) besteht darin, dass sich die Halbinsel Yukatan und die ganze Maya-Kultur unterhalb des nördlichen Wendekreises befindet. Das heisst, die Maya haben innerhalb weniger Monaten 2x einen Sonnenhöchststand im Jahr. Also jener Tag wo Tag und Nacht gleich lang sind. Das innerhalb 20 - 40 Tagen.

Wobei man nochmals erwähnen muss, dass zwischen dem Norden und den Süden des Mayareiches nochmals ein paar Tage Differenz zwischen den Sonnenhöchstständen ist. Das macht die Sache nicht einfacher.

Eine Möglichkeit zur Feststellung des Sonnenhöchststandes

Da die Halbinsel Yukatan unterhalb des nördlichen Wendekreis zu finden ist, muss zwangsläufig die Sonne - nachdem diese kurz im absoluten Zenit steht - nach einigen Tagen Wenden und "zurück" zum Zenit kommen.

Oben: Foto aus A. Maudslay

Der exakte Zeitpunkt, wo die Sonne im absoluten Zenit steht, lässt sich einfach an einer sehr hohen Stela feststellen. Sobald die Stela um die Mittagszeit keinen Schatten mehr abwirft, bedeutet dies, dass die Sonne im Zenit steht.

Probleme könnten dann entstehen, wenn der exakte Zeitpunkt in der Nacht wäre oder gar der Himmel voller Wolken wäre. Und gerade hier könnten den Maya-Priestern Fehler unterlaufen sein, die das ganze Haab um einige Tage verlängern oder verkürzen.

Ein solcher Fehler hätte jedoch keine Folgen ergeben, da es im darauffolgenden Jahr wieder ausgeglichen worden wäre. Indem man sich an einer der zwei Sonnenhöchststände richtet, kommt es nach mehreren Jahren automatisch zum Ausgleich.

Ich fasse mal die **mögliche Probleme** zusammen, die die Maya-Priestern hatten, um den genauen Beginn des Haab oder Tun zu eruieren:

1. Der exakte Zeitpunkt (Uhrzeit) wo die Sonne im Zenit über einen Punkt auf einen Breitengrad in Mittelamerika stehen müsste, könnte ohne weiteres auf Mitternacht fallen. Dann steht die Sonne zwar exakt im Zenit, aber auf der gegenüberliegenden Seite des Planeten. 12 Stunden vorher oder 12 Stunden nachher würde eine 7 Meter hohe Stela um die Mittagszeit bereits einen kleinen Schatten werfen. Da könnten Fehler von 1 bis 2 Tagen entstehen.

2. Wir wissen nicht ob der erste oder der zweite Sonnenhöchststand herangezogen werden muss. Die erste Tagundnachtgleiche macht jedoch mehr Sinn.

3. Wir wissen nicht welche Stadt der Maya in den Kalendervorgaben leitend war. **Zwischen dem nördlichsten Zipfel des Mayareiches und dem südlichsten, besteht eine Kalenderdifferenz bezüglich des Sonnenhöchststandes von über 1 Monat!**

4. Falls der Himmel bewölkt war, werden die Mayapriester Mühe bekundet haben, wann der exakte Beginn sein muss. Nicht zu vergessen ist in diesem Zusammenhang der Wandel des Wetters während den letzten Jahrhunderten.

5. Der Krieg zwischen den Mayastädten wird die ganze Sache nicht vereinfacht haben und da besteht die Möglichkeit, dass jede einzelne Stadt einen eigenen Beginn des „Tun" feststellen konnte.

6. Die Arbeitsgenauigkeit der Mayapriestern muss vorerst erkundet werden.

7. Auch die Missverständnissen, die sich aus den Zahlen des Maya-Datums und unser Verständnis in den Kalenderdaten, müssen berücksichtigt werden.

Beispiel:

Bei uns fängt das Jahr am 1.01.YYYY an.

Bei den Maya fängt das Jahr am Y.Y.Y.0.0. an.

Das heisst, dass unser 1.01. bei den Maya der 0.0. ist. Das ist ein Stolperstein für jeden logisch denkenden Menschen.

Exakte Berechnungen

Unter der Annahme dass meine Ansichten über das **Disco de Chinkultic** richtig sei, können wir nun versuchen eine exakte Berechnung zu erstellen, da wir die genauen Daten der Sonnenfinsternisse haben und zudem ein einziger Datum auf der Steinscheibe selbst.

Das genaue Mayadatum auf dem Disco de Chinkultic lautet:

9.7.17.12.14

D.h. der 9. Baktun, der 7. Katun und der 17. Tun, sowie der 12. Monat und der 14. Tag. Aber **die 12 ist irreführend!**

Aber gerade hier beginnen die Missverständissen und wahrscheinlich hatten die Mayapriestern selbst Mühe mit diesen Zahlen, weil eine „12" (die Zwölf) ist nicht der „12." (der Zwölfte).

Nun rechnen wir rückwärts

Wir haben die erste Sonnenfinsternis am 4. Dezember 568. Zudem haben wir das Monats- und Tagesdatum der Maya 12.14.

Diese 12.14 bedeuten meiner Meinung nach dass 12 ganze Monaten (0 bis 11) und 14 oder 15 Tage seid Beginn des Haab verstrichen sind. Summa summarum 244 Tage. Das ergibt dann nach meiner Theorie zwangsläufig circa den 5. April 568. <u>Das ist jedoch zu früh.</u>

Falls wir aber falsch rechnen würden, und 11 ganze Monaten und 14 Tagen annehmen würden, dann haben wir einen Volltreffer, nämlich circa den 25. April 568. Also das Datum wo die Sonne im südlichen Mayareich damals im Zenith stand. Also in der Gegend vom **Disco de CHINKULTIC.**

Diese falsche Rechnerei macht die Sache nicht einfacher, aber unter Einbezug aller bereits genannten Fehlerkoeffizienten, doch Glaubwürdiger.

Zudem könnten wir auch annehmen, dass das Datum auf dem Disco ein Zwischendatum sein könnte und nicht das Datum eines der beiden Sonnenfinsternisse.

Kalenderbezeichnungen der Maya

Tage innerhalb eines der 19 Uinal (Monate)

0	Ahau	1. Tag
1	Imix	2.Tag
2	Ik	3.Tag
3	Akbal	4.Tag
4	Kan	5.Tag
5	Chiccan	6.Tag
6	Cimi	7.Tag
7	Manik	8.Tag
8	Lamat	9.Tag
9	Muluc	10.Tag
10	Oc	11.Tag
11	Chuen	12.Tag
12	Kb	13.Tag
13	Ben	14.Tag
14	Ix	15.Tag
15	Men	16.Tag
16	Cib	17.Tag
17	Kaban	18.Tag
18	Edznab	19.Tag
19	Cauac	20. Tag

Jeder Monat, genannt Uinal, fängt von vorne an, mit dem Tag "Ahau" und endet mit dem Tag "Cauac".

Die Monatsbezeichnungen der Maya

0	Pop	1. Monat
1	Uo	2. Monat
2	Zip	3. Monat
3	Zotz (Sotz')	4. Monat
4	Zec (Sek)	5. Monat
5	Xul	6. Monat
6	Yaxkin (yaxk'in)	7. Monat
7	Mol	8. Monat
8	Chen (Ch'en)	9. Monat
9	Yax	10. Monat
10	Zac (Sak)	11. Monat
11	Ceh	12. Monat
12	Mac (Mak)	13. Monat
13	Kankin	14. Monat
14	Muan	15. Monat
15	Pax	16. Monat
16	Kayab	17. Monat
17	Cumku	18. Monat
18	**Uayeb Wayeb**	19. Monat

Die ersten 18 Monaten haben 20 Tage. Eine Ausnahme bildet der 19. Monat. Der 19. Monat kann man als "Ausgleichsmonat" oder Schaltmonat betrachten

Wie bereits erwähnt mussten auch die Maya irgendwie einen Ausgleich für den Vierteltag im Sonnenjahr haben. Dies erfolgte mit dem flexiblen 19. Monat "Uayeb". Genau wie das Chinesische Jahr kommt es nicht darauf an wieviele Tage das Kalenderjahr (Haab) hat. Der Ausgleich erfolgt vollautomatisch von Jahr zu Jahr. Wichtig ist einfach zu wissen, **wann ungefähr** das Jahr anzufangen hat, so dass man die Jahreszeiten in etwa einhalten kann.

Schlusswort

Ich möchte mich hiermit nun bei allen Historikern entschuldigen, wenn ich mich bei dem einen oder anderen unbeliebt gemacht habe. Das war nicht meine Absicht.

Meine Absicht bestand darin einen ganz anderen, möglichen Weg aufzuzeigen.

Insbesondere die vielen hohen Stela sind ein starker Indiz, dass die Maya die 2 Sonnenhöchststände des Jahres, wo die Sonne im Zenit steht, sehr ernst genommen haben.

Nun folgt die Tabelle nach meinen eigenen Berechnungen. Auch diese Tabelle kann nicht exakt stimmen, da zwischen dem Norden und dem Süden des Mayareiches über 30 Tage Differenz zwischen den Sonnenhöchstständen herrscht. Zudem muss man auch die Städtekriege mit einbeziehen, die bestimmt zu Differenzen in den Kalendern geführt haben.

Gerne erwarte ich auch Kritiken zu meinen, in diesem Buch aufgeführten Ansichten. Meine Adresse steht im Internet und da ich kein alltäglicher Name habe, werden Sie mich bestimmt finden.

Pierluigi Peruzzi, November 2017

Nach Meinung des Autor könnte das Maya-Jahr (Tun) am 1. Sonnenhöchststand beginnen. Das Problem besteht im nördlichen Wendekreis, da auf Yukatan, innerhalb einigen Tage, 2x im Jahr ein Sonnenhöchststand innerhalb weniger Wochen zu verzeichnen ist.

B A K T U N	K A T U N	T U N	**ALTERNATIVER** Kalender der Maya, nach Pierluigi Peruzzi	Gregor. Jahr	Gregor. Jahr				
			Nach Meinung des Autor könnte das Maya-Jahr (Tun) etwa vom 15. April bis und mit 15. August anfangen. Das Problem besteht im nördlichen Wendekreis, da auf Yukatan 2x im Jahr Tag und Nacht gleich lang zu verzeichnen ist. Diese These stützt sich auf die Haushohen Stelen, die die senkrechte Sonne am Zenit ausmachen können.						
				Herbst Winter	Frühl. Sommer				
0	0	0		-3'189	-3'188				
0	0	1		-3'188	-3'187				
0	0	2		-3'187	-3'186				
0	0	3		-3'186	-3'185				
0	0	4		-3'185	-3'184				
0	0	5		-3'184	-3'183				
0	0	6		-3'183	-3'182				
0	0	7		-3'182	-3'181				
0	0	8		-3'181	-3'180				
0	0	9		-3'180	-3'179				
0	0	10		-3'179	-3'178				
0	0	11		-3'178	-3'177				
0	0	12		-3'177	-3'176				
0	0	13		-3'176	-3'175				
0	0	14		-3'175	-3'174				
0	0	15		-3'174	-3'173				

0	0	16			-3'173	-3'172			
0	0	17			-3'172	-3'171			
0	0	18			-3'171	-3'170			
0	0	19			-3'170	-3'169			
0	1	0			-3'169	-3'168			
0	1	1			-3'168	-3'167			
1	18	2			-2'427	-2'426			
1	18	3			-2'426	-2'425			
1	18	4	Palenque, Blattkreuz - 1.18.4.7.1		-2'425	-2'424			
1	18	5	Palenque, 1.18.5.3.2 &1.18.5.3.6 & 1.18.5.4.0		-2'424	-2'423			
1	18	6			-2'423	-2'422			
1	18	7			-2'422	-2'421			
1	18	8			-2'421	-2'420			
2	1	7			-2'362	-2'361			
2	1	8			-2'361	-2'360			
2	1	9			-2'360	-2'359	Sintflut ?		
2	1	10			-2'359	-2'358			
2	1	11			-2'358	-2'357			
2	7	7			-2'242	-2'241			
2	7	8			-2'241	-2'240			
2	7	9	Datum auf den Wänden von Xultún 2.7.9.0.0.		-2'240	-2'239			
2	7	10			-2'239	-2'238			
2	7	11			-2'238	-2'237			

2	7	12		-2'237	-2'236			
2	7	13		-2'236	-2'235			
2	7	14		-2'235	-2'234			
2	7	15		-2'234	-2'233			
2	7	16		-2'233	-2'232			
2	7	17		-2'232	-2'231			
2	7	18		-2'231	-2'230			
2	7	19		-2'230	-2'229			
3	7	4		-1'845	-1'844			
3	7	5		-1'844	-1'843			
3	7	6		-1'843	-1'842	1843.07.26.	100%	sun eclipse
3	7	7		-1'842	-1'841			
3	7	8		-1'841	-1'840	1840.05.25.	50%	sun eclipse
3	7	9		-1'840	-1'839			
3	7	10	Madrid S.11 - 3.7.10.4	-1'839	-1'838	1839.11.07.	80%	sun eclipse
3	7	11		-1'838	-1'837			
3	7	12		-1'837	-1'836			
3	7	13		-1'836	-1'835			
3	7	14		-1'835	-1'834			
3	7	15		-1'834	-1'833	1833.1.11.	100%	sun eclipse
3	7	16		-1'833	-1'832			
3	7	17		-1'832	-1'831			
3	7	18		-1'831	-1'830			
3	7	19		-1'830	-1'829			
3	8	0	Estela Tonina Creacion Era Actual 3.8.0.3.	-1'829	-1'828	1828.4.13.	80%	sun eclipse
3	8	1		-1'828	-1'827			
3	8	2		-1'827	-1'826			
3	8	3		-1'826	-1'825			

3	8	4		-1'825	-1'824			
3	8	5		-1'824	-1'823			
3	8	6		-1'823	-1'822			
7	6	10		-259	-258			
7	6	11		-258	-257			
7	6	12	Palenque, Palacio, Ostgebäude 7.6.1210.	-257	-256	256.04.03.	70%	sun eclipse
7	6	13		-256	-255			
7	6	14		-255	-254			
7	6	15		-254	-253			
7	16	1		-68	-67			
7	16	2		-67	-66			
7	16	3	Chiapa de Corzo St.2 - 7.16.3.2.13	-66	-65			
7	16	4		-65	-64			
7	16	5		-64	-63			
7	16	6	Tres Zapotes St. C - 7.16.6.16.18	-63	-62			
7	16	7		-62	-61			
7	16	8		-61	-60			
7	16	9		-60	-59			
7	16	10		-59	-58			
7	16	11		-58	-57			
7	16	12		-57	-56			
7	16	13		-56	-55			
7	16	14		-55	-54			
7	16	15		-54	-53			
7	16	16		-53	-52	53.11.01	50%	sun eclipse

7	16	17		-52	-51				
7	16	18		-51	-50				
7	16	19		-50	-49				
7	17	0		-49	-48				
7	17	1		-48	-47				
7	17	2		-47	-46				
7	17	3		-46	-45				
7	17	4		-45	-44				
7	17	5		-44	-43				
7	17	6		-43	-42				
7	17	7		-42	-41				
7	17	8		-41	-40				
7	17	9		-40	-39				
7	17	10		-39	-38				
7	17	11		-38	-37				
7	17	12		-37	-36				
7	17	13		-36	-35				
7	17	14		-35	-34				
7	17	15		-34	-33				
7	17	16		-33	-32				
7	17	17		-32	-31				
7	17	18		-31	-30				
7	17	19		-30	-29				
7	18	0		-29	-28				
7	18	1		-28	-27				
7	18	2		-27	-26				
7	18	3		-26	-25				
7	18	4		-25	-24				
7	18	5		-24	-23				
7	18	6		-23	-22				
7	18	7		-22	-21				
7	18	8		-21	-20				
7	18	9		-20	-19		19.01.24.	70%	sun

									eclipse
7	18	10		-19	-18				
7	18	11		-18	-17	17.05.30	50%		sun eclipse
7	18	12		-17	-16				
7	18	13		-16	-15	16.11.11.	70%		sun eclipse
7	18	14		-15	-14				
7	18	15		-14	-13				
7	18	16		-13	-12				
7	18	17		-12	-11				
7	18	18		-11	-10				
7	18	19		-10	-9				
7	19	0		-9	-8				
7	19	1		-8	-7				
7	19	2		-7	-6				
7	19	3		-6	-5				
7	19	4		-5	-4				
7	19	5		-4	-3				
7	19	6		-3	-2				
7	19	7		-2	-1				
7	19	8		-1	0				
7	19	9		0	1				
7	19	10		1	2				
7	19	11		2	3				
7	19	12		3	4				
7	19	13		4	5				
7	19	14		5	6				
7	19	15	El Baul St. 1 - 7.19.15.7.12	6	7				
7	19	16		7	8				
7	19	17		8	9				
7	19	18		9	10	9.07.10.	70%		sun eclipse
7	19	19		10	11				

8	0	0		11	12	12.05.09	80%	sun eclipse
8	0	1		12	13	12.11.02	80%	sun eclipse
8	0	2		13	14			
8	0	3		14	15			
8	0	4		15	16	16.02.26.	70%	sun eclipse
8	0	5		16	17			
8	0	6		17	18			
8	0	7		18	19			
8	0	8		19	20			
8	0	9		20	21			
8	0	10		21	22			
8	0	11		22	23			
8	0	12		23	24			
8	0	13		24	25			
8	0	14		25	26			
8	0	15		26	27			
8	0	16		27	28			
8	0	17		28	29			
8	0	18		29	30			
8	0	19		30	31			
8	1	0		31	32			
8	1	1		32	33			
8	1	2		33	34			
8	1	3		34	35			
8	1	4		35	36			
8	1	5		36	37			
8	1	6		37	38			
8	1	7		38	39			
8	1	8		39	40			
8	1	9		40	41			
8	1	10		41	42			

8	1	11		42	43			
8	1	12		43	44	44.02.17.	70%	sun eclipse
8	1	13		44	45			
8	1	14		45	46			
8	1	15		46	47			
8	1	16		47	48	47.12.05.	100%	sun eclipse
8	1	17		48	49			
8	1	18		49	50			
8	1	19		50	51			
8	2	0		51	52			
8	2	1		52	53	52.09.11.	100%	sun eclipse
8	2	2	Abaj Takalik Stela 5 8.2.2.10.5	53	54			
8	2	3		54	55			
8	2	4		55	56			
8	2	5		56	57			
8	2	6		57	58			
8	2	7		58	59			
8	2	8		59	60			
8	2	9		60	61			
8	2	10		61	62			
8	2	11		62	63			
8	2	12		63	64	63.08.12.	100%	sun eclipse
8	2	13		64	65			
8	2	14		65	66			
8	2	15		66	67			
8	2	16		67	68			
8	2	17		68	69			
8	2	18		69	70	70.03.30.	90%	sun eclipse
8	2	19		70	71			
8	3	0		71	72			
8	3	1		72	73			

8	3	2	Abaj Takalik St. 5 - 8.3.2.10.15	73	74			
8	3	3		74	75			
8	3	4		75	76			
8	3	5		76	77			
8	3	6		77	78			
8	3	7		78	79			
8	3	8		79	80			
8	3	9		80	81			
8	3	10		81	82			
8	3	11		82	83			
8	3	12		83	84			
8	3	13		84	85			
8	3	14		85	86			
8	3	15		86	87			
8	3	16		87	88			
8	3	17		88	89	89.03.30.	60%	sun eclipse
8	3	18		89	90			
8	3	19		90	91			
8	4	0		91	92			
8	4	1		92	93			
8	4	2		93	94			
8	4	3		94	95			
8	4	4	Madrid S. 79 - 8.4.4.5	95	96	96.5.10	50%	sun eclipse
8	4	5	Abaj Takalik Stela 5 - 8.4.5.17.11	96	97	96.11.4	60%	sun eclipse
8	4	6		97	98			
8	4	7		98	99	99.3.10	80%	sun eclipse
8	4	8		99	100			
8	4	9		100	101			
8	4	10		101	102			
8	4	11		102	103			
8	4	12		103	104			

8	4	13		104	105			
8	4	14		105	106			
8	4	15		106	107	106.10.14.	90%	sun eclipse
8	4	16		107	108			
8	4	17		108	109			
8	4	18		109	110			
8	4	19		110	111			
8	5	0		111	112			
8	5	1		112	113			
8	5	2		113	114			
8	5	3	La Mojarra Stela 1 8.5.3.3.5	114	115			
8	5	4		115	116			
8	5	5		116	117			
8	5	6		117	118			
8	5	7		118	119			
8	5	8		119	120			
8	5	9		120	121			
8	5	10		121	122			
8	5	11		122	123			
8	5	12		123	124	124.05.01	50%	sun eclipse
8	5	13		124	125			
8	5	14		125	126			
8	5	15		126	127			
8	5	16	La Mojarra Stela 1 8.5.16.9.7	127	128			
8	5	17		128	129	128.08.13. & 129.02.06	100% & 60%	sun eclipse
8	5	18	Naranjo Stela 25 8.5.18.4.0	129	130			
8	5	19		130	131			
8	6	0		131	132			
8	6	1	Datum auf den Wänden von Xultún 8.6.1.9.	132	133	132.11.25	20%	sun ecl. über Nord-

39

									amerika
8	6	2	Tuxtla Statuette 8.6.2.4.17		133	134			
8	6	3			134	135			
8	6	4			135	136			
8	6	5			136	137	136.09.13	50%	sun eclipse
8	6	6			137	138			
8	6	7			138	139			
8	6	8	Madrid S.25 - 8.6.8.8....		139	140	139.07.13.	100%	sun eclipse
8	6	9			140	141			
8	6	10			141	142			
8	6	11			142	143			
8	6	12			143	144			
8	6	13			144	145			
8	6	14			145	146			
8	6	15			146	147	147.2.18	1.80%	sun ecl. über Nordamerika
8	6	16			147	148			
8	6	17			148	149			
8	6	18			149	150	150.06.12.	80%	sun eclipse
8	6	19			150	151			
8	7	0			151	152			
8	7	1			152	153	153.06.12.	80%	sun eclipse
8	7	2			153	154			
8	7	3	Chiapa de Corzo Stela 2 8.7.3.2.13		154	155			
8	7	4			155	156			
8	7	5			156	157			
8	7	6			157	158			
8	7	7			158	159			

8	7	8		159	160				
8	7	9		160	161				
8	7	10		161	162				
8	7	11		162	163				
8	7	12		163	164				
8	7	13		164	165				
8	7	14		165	166				
8	7	15		166	167				
8	7	16		167	168				
8	7	17		168	169				
8	7	18		169	170				
8	7	19		170	171				
8	8	0		171	172				
8	8	1		172	173				
8	8	2		173	174				
8	8	3		174	175				
8	8	4		175	176				
8	8	5		176	177				
8	8	6		177	178				
8	8	7		178	179				
8	8	8		179	180				
8	8	9		180	181				
8	8	10		181	182				
8	8	11		182	183		182.09.15. & 183.03.11	50% & 70%	2 x sun eclipse
8	8	12		183	184				
8	8	13		184	185				
8	8	14		185	186				
8	8	15		186	187				
8	8	16		187	188				
8	8	17		188	189				
8	8	18		189	190				
8	8	19		190	191		190.10.16	100	sun

							%	eclipse
8	9	0		191	192	192.03.01.	50%	sun eclipse
8	9	1		192	193			
8	9	2		193	194			
8	9	3		194	195			
8	9	4		195	196			
8	9	5		196	197			
8	9	6		197	198			
8	9	7		198	199			
8	9	8		199	200			
8	9	9		200	201			
8	9	10		201	202			
8	9	11		202	203			
8	9	12		203	204			
8	9	13		204	205			
8	9	14		205	206			
8	9	15		206	207			
8	9	16		207	208			
8	9	17		208	209			
8	9	18		209	210			
8	9	19		210	211			
8	10	0		211	212			
8	10	1		212	213			
8	10	2		213	214			
8	10	3		214	215			
8	10	4		215	216			
8	10	5		216	217			
8	10	6		217	218			
8	10	7		218	219			
8	10	8		219	220			
8	10	9		220	221			
8	10	10	doorjamb of Structure 10L-7 8.10.10.10.16	221	222			

8	10	11		222	223				
8	10	12		223	224				
8	10	13		224	225				
8	10	14		225	226				
8	10	15		226	227		226.11.07.	70%	sun eclipse
8	10	16		227	228				
8	10	17		228	229				
8	10	18		229	230				
8	10	19		230	231				
8	11	0		231	232				
8	11	1		232	233				
8	11	2		233	234				
8	11	3		234	235				
8	11	4		235	236				
8	11	5		236	237				
8	11	6		237	238				
8	11	7	8.11.7.13.5. ??	238	239				
8	11	8		239	240				
8	11	9		240	241				
8	11	10		241	242				
8	11	11		242	243				
8	11	12		243	244				
8	11	13		244	245				
8	11	14		245	246				
8	11	15		246	247				
8	11	16		247	248				
8	11	17		248	249				
8	11	18		249	250				
8	11	19		250	251				
8	12	0		251	252				
8	12	1		252	253				
8	12	2		253	254				

8	12	3		254	255			
8	12	4		255	256			
8	12	5		256	257			
8	12	6		257	258			
8	12	7		258	259			
8	12	8		259	260			
8	12	9		260	261			
8	12	10		261	262			
8	12	11		262	263			
8	12	12		263	264			
8	12	13		264	265	265.04.03.	70%	sun eclipse
8	12	14	Estela 29 de Tikal 8.12.14.13.15 9 Men 3 Mol	265	266			
8	12	15		266	267			
8	12	16		267	268			
8	12	17		268	269			
8	12	18		269	270			
8	12	19		270	271			
8	13	0		271	272			
8	13	1		272	273			
8	13	2		273	274			
8	13	3		274	275			
8	13	4		275	276			
8	13	5		276	277			
8	13	6		277	278			
8	13	7		278	279			
8	13	8		279	280	280.06.14.	80%	sun eclipse
8	13	9		280	281			
8	13	10		281	282			
8	13	11		282	283			
8	13	12		283	284			
8	13	13		284	285			

8	13	14		285	286				
8	13	15		286	287				
8	13	16		287	288				
8	13	17		288	289				
8	13	18		289	290				
8	13	19		290	291		290.11.19.	70%	sun eclipse
8	14	0	Tikal Estela 31 - 8.14.0.0.0.	291	292				
8	14	1		292	293				
8	14	2		293	294				
8	14	3	Leidener Plakette - 8.14.3.1.12	294	295				
8	14	4		295	296				
8	14	5		296	297				
8	14	6		297	298				
8	14	7		298	299				
8	14	8		299	300				
8	14	9		300	301				
8	14	10	Waxaktun 9 8.14.10. 3.15 - 3 Men 8 Yaxk'in	301	302				
8	14	11		302	303				
8	14	12		303	304				
8	14	13		304	305				
8	14	14		305	306				
8	14	15		306	307				
8	14	16		307	308				
8	14	17		308	309		309.2.25.	80%	sun eclipse
8	14	18		309	310				
8	14	19		310	311				
8	15	0		311	312				
8	15	1		312	313				
8	15	2		313	314				
8	15	3		314	315				
8	15	4		315	316				

8	15	5		316	317			
8	15	6		317	318			
8	15	7		318	319			
8	15	8		319	320			
8	15	9		320	321			
8	15	10		321	322			
8	15	11		322	323			
8	15	12		323	324			
8	15	13		324	325			
8	15	14		325	326			
8	15	15		326	327			
8	15	16		327	328			
8	15	17		328	329			
8	15	18		329	330			
8	15	19		330	331			
8	16	0	Waxaktun 18 8.16. 0. 0. 0 - 3 Ahaw 8 K'ank'in	331	332			
8	16	1		332	333			
8	16	2		333	334			
8	16	3		334	335			
8	16	4		335	336			
8	16	5		336	337			
8	16	6		337	338			
8	16	7		338	339	338.10.29.	80%	sun eclipse
8	16	8		339	340			
8	16	9		340	341			
8	16	10		341	342			
8	16	11		342	343	342.08.17.	90%	sun eclipse
8	16	12		343	344			
8	16	13		344	345	344.12.21.	70%	sun eclipse
8	16	14		345	346			
8	16	15		346	347			

8	16	16			347	348			
8	16	17			348	349			
8	16	18			349	350			
8	16	19			350	351			
8	17	0			351	352			
8	17	1	Tikal BC 8.17. 1. 4.12 - 11 Eb 15 Mak		352	353			
8	17	2			353	354			
8	17	3			354	355			
8	17	4			355	356	356.05.16.	60%	sun eclipse
8	17	5			356	357			
8	17	6			357	358			
8	17	7			358	359			
8	17	8			359	360			
8	17	9			360	361			
8	17	10			361	362			
8	17	11			362	363			
8	17	12			363	364	363.06.27.	70%	sun eclipse
8	17	13			364	365			
8	17	14			365	366			
8	17	15			366	367	367.04.15.	80%	sun eclipse
8	17	16			367	368			
8	17	17	Bejucal BEJ 2 8.17.17. 0. 0 - 11 Ahaw 3 Sek		368	369			
8	17	18			369	370			
8	17	19			370	371			
8	18	0			371	372			
8	18	1			372	373			
8	18	2			373	374			
8	18	3			374	375			
8	18	4			375	376			
8	18	5			376	377			
8	18	6			377	378			

8	18	7		378	379			
8	18	8		379	380			
8	18	9	Blackman… BLK 5 8.18. 9.17.18 - 9 Etz'n… 16 Pop	380	381			
8	18	10		381	382			
8	18	11		382	383			
8	18	12		383	384			
8	18	13		384	385			
8	18	14		385	386			
8	18	15		386	387			
8	18	16		387	388			
8	18	17		388	389			
8	18	18		389	390			
8	18	19		390	391			
8	19	0		391	392			
8	19	1	Rio Azul RAZ Ptg 8.19. 1. 9.13 - 4 Ben 16 Mol	392	393			
8	19	2		393	394			
8	19	3		394	395			
8	19	4		395	396	396.03.25.	50%. 8%	sun eclipse
8	19	5		396	397	396.09.18.	100%	sun eclipse
8	19	6		397	398			
8	19	7		398	399	399.01.23.	60%	sun eclipse
8	19	8		399	400			
8	19	9		400	401			
8	19	10		401	402			
8	19	11		402	403			
8	19	12		403	404			
8	19	13		404	405			
8	19	14		405	406			
8	19	15		406	407			
8	19	16		407	408			
8	19	17		408	409			

8	19	18		409	410				
8	19	19		410	411				
9	0	0	Copan 63 9. 0. 0. 0. 0 - 8 Ahaw 13 Keh / Arroyo d… ARP 1 9. 9. 0. 0. 0 - 3 Ahaw 3 Sotz'	411	412				
9	0	1		412	413				
9	0	2		413	414				
9	0	3		414	415				
9	0	4		415	416				
9	0	5		416	417				
9	0	6		417	418				
9	0	7		418	419				
9	0	8		419	420				
9	0	9		420	421	420.11.21.	100%	sun eclipse
9	0	10	Copan 20 9. 0.10. 0. 0 7 Ahaw 3 Yax / Tikal 31 9. 0.10. 0. 0 7 Ahaw 3 Yax	421	422				
9	0	11		422	423				
9	0	12		423	424				
9	0	13		424	425				
9	0	14		425	426				
9	0	15		426	427				
9	0	16		427	428				
9	0	17		428	429	428.06.28.	70%	sun eclipse
9	0	18		429	430				
9	0	19	Yaxchilán Templos Lintel 21-22 9.0.19.2.4. - 2 K'an 2 Yax	430	431				
9	1	0		431	432				
9	1	1		432	433				
9	1	2		433	434				
9	1	3		434	435				
9	1	4		435	436				
9	1	5		436	437	436.07.29.	70%	sun eclipse

9	1	6		437	438			
9	1	7		438	439	439.05.28.	80%	sun eclipse
9	1	8		439	440			
9	1	9		440	441			
9	1	10		441	442			
9	1	11		442	443			
9	1	12		443	444			
9	1	13		444	445			
9	1	14		445	446			
9	1	15		446	447			
9	1	16		447	448			
9	1	17		448	449			
9	1	18		449	450	450.04.27.	90%	sun eclipse
9	1	19		450	451	450.10.21.	50%	sun eclipse
9	2	0		451	452	451.10.10.	60%	sun eclipse
9	2	1		452	453			
9	2	2		453	454	453.02.24.	80%	sun eclipse
9	2	3		454	455			
9	2	4		455	456			
9	2	5		456	457			
9	2	6	Copan 170 9. 2. 6.17. 1 9 Imix 4 Kumk'u	457	458			
9	2	7		458	459			
9	2	8		459	460			
9	2	9		460	461			
9	2	10		461	462			
9	2	11		462	463			
9	2	12		463	464			
9	2	13	Tikal 13 9. 2.13. 0. 0 - 4 Ahaw 13 K'ayab	464	465			
9	2	14		465	466			
9	2	15		466	467			

9	2	16		467	468				
9	2	17		468	469				
9	2	18	Quiriguá 26 9. 2.18.13. 1 - 11 Imix 4 Sak	469	470				
9	2	19		470	471				
9	3	0	Pul D 9. 3. 0. 0. 0 - 2 Ahaw 18 Muwan	471	472				
9	3	1		472	473				
9	3	2		473	474				
9	3	3	Bonampak Pan 9. 3. 3.16. 4 - 2 K'an 2 Mak	474	475				
9	3	4		475	476				
9	3	5		476	477				
9	3	6		477	478				
9	3	7		478	479				
9	3	8		479	480				
9	3	9	Tikal 23 9. 3. 9.13. 3 - 8 Ak'bal 11 Mol	480	481				
9	3	10	Waxaktun 22 9. 3.10. 0. 0 - 1 Ahaw 8 Mak	481	482				
9	3	11		482	483				
9	3	12		483	484	483.07.20.	70%	sun eclipse	
9	3	13		484	485				
9	3	14		485	486				
9	3	15		486	487				
9	3	16		487	488				
9	3	17	Xulton o 6 9. 3.17. 0. 0 - 12 Ahaw 13 Sak	488	489				
9	3	18		489	490				
9	3	19	9. 3.19. 5.12 12 Eb 15 Pax / 9. 3.19.11.10 13 Ok 8 Sotz' / KC Pan 9. 3.19. 3. 8 - 7 Lamat 11 K'ank'in	490	491	490.08.31.	100%	sun eclipse	
9	4	0	Tikal 6 9. 4. 0. 0. 0 - 13 Ahaw 18 Yax	491	492				
9	4	1		492	493				
9	4	2		493	494				

9	4	3		494	495			
9	4	4		495	496			
9	4	5		496	497			
9	4	6	Bonampak PO 9. 4. 6.14. 9 5 Muluk' 12 Sek	497	498			
9	4	7		498	499			
9	4	8		499	500			
9	4	9		500	501			
9	4	10	Dresdner S. 49 - 9.4.10.0. / Altar de... ASac 12 9. 4.10. 0. 0 12 Ahaw 8 Mol	501	502			
9	4	11	Yaxchilán templos 11-22 9.4.11.8.16 - 2 Kib 19 Pax	502	503			
9	4	12		503	504	504.05.29	60%	sun eclipse
9	4	13	Tikal 12 9. 4.13. 0. 0 - 13 Ahaw 13 Yaxk'in	504	505			
9	4	14	Resbalón HS 9. 4.14.10. 4 - 5 K'an 12 K'ayab	505	506	505.11.11.	80%	sun eclipse
9	4	15		506	507			
9	4	16		507	508			
9	4	17		508	509			
9	4	18		509	510			
9	4	19		510	511			
9	5	0	Tikal 12 9. 5. 0. 0. 0 - 11 Ahaw 18 Sek	511	512			
9	5	1		512	513			
9	5	2	Piedra Labrada 5	513	514			
9	5	3		514	515			
9	5	4		515	516			
9	5	5		516	517			
9	5	6		517	518			
9	5	7	Copan Ant 9. 5. 7.12. 2 4 Ik 5 Pax	518	519			Calaklakmul: Stele 9 vor Gebäude IVb:

									Schiefer, Dias, Museum Campeche
9	5	8			519	520			
9	5	9			520	521			
9	5	10			521	522			
9	5	11			522	523			
9	5	12			523	524			
9	5	13			524	525			
9	5	14	Piedra Labrada 4 - 9.5.14.0.17 - 11 Kab'an 5 Sip		525	526	526.03.28.	70%	sun eclipse
9	5	15			526	527			
9	5	16			527	528			
9	5	17			528	529			
9	5	18			529	530			
9	5	19	Copan HS 9.5.19.3.0 8 Ahaw 3 Sotz'		530	531	530.07.10.	70%	sun eclipse
9	6	0			531	532			
9	6	1			532	533			
9	6	2			533	534			
9	6	3			534	535			
9	6	4			535	536			
9	6	5			536	537			
9	6	6			537	538			
9	6	7			538	539			
9	6	8	Piedra Labrada 4 - 9.6.8.12.1. - 10 Imix 19 Yak		539	540			
9	6	9			540	541			
9	6	10	Copan 9 9.6.10.0.0 8 Ahaw 13 Pax Escalinata Jeroglífica 3 de Yaxchilán 9.6.10.14.15. 4 Men 3 Mak		541	542			
9	6	11			542	543			
9	6	12			543	544			

9	6	13		544	545				
9	6	14		545	546				
9	6	15		546	547				
9	6	16		547	548				
9	6	17		548	549				
9	6	18		549	550				
S9	6	19		550	551				
9	7	0	Pul O 9. 7. 0. 0. 0 - 7 Ahaw 3 K'ank'in	551	552				
9	7	1	Balakbal 5 9. 7. 1. 6. 0 6 Ahaw 13 Pop	552	553				
9	7	2		553	554				
9	7	3		554	555	554.09.12.	50%	sun eclipse
9	7	4		555	556	556.02.26.	70%	sun eclipse
9	7	5	Copan HS 9. 7. 5. 0. 8 8 Lamat 6 Mak	556	557				
9	7	6		557	558				
9	7	7		558	559				
9	7	8		559	560				
9	7	9		560	561				
9	7	10		561	562				
9	7	11		562	563				
9	7	12		563	564				
9	7	13		564	565	565.02.16.	100%	sun eclipse
9	7	14		565	566				
9	7	15		566	567				
9	7	16	Calakmul Stele 9 9.7.16.4.13	567	568				
9	7	17	Disco de Chinkultic - 9.7.17.7.14 - 11	568	569	568.12.04. & 569.05.31	90% & 60%	sun eclipse
9	7	18		569	570				
9	7	19		570	571				
9	8	0	Brs Pn 9. 8. 0. 0. 0 5 Ahaw 3 Ch'en	571	572				
9	8	1		572	573				

9	8	2		573	574				
9	8	3		574	575				
9	8	4		575	576				
9	8	5		576	577				
9	8	6	Piedra Labrada 4 & 2 - 9.8.6.13.17 -11 Kab'an 5 Sip	577	578	577.07.01.	70%	sun eclipse
9	8	7		578	579				
9	8	8	Piedra Labrada 2 - 9.8.8.12.0. 5 Ajaw 3 Wayeb	579	580	580.04.29.	100%	
9	8	9	Dindel 4 E 6 Bonampak - 9.8.9.15.11	580	581			sun eclipse
9	8	10	Pn 25 9. 8.10. 6.16 - 10 Kib 9 Mak	581	582			
9	8	11		582	583			
9	8	12	Piedra Labrada 2 - 9.8.12.0.0. 9 Ajaw 3 Xul	583	584			
9	8	13		584	585	584.08.11.	70%	sun eclipse
9	8	14		585	586			
9	8	15		586	587			
9	8	16		587	588			
9	8	17		588	589			
9	8	18		589	590			
9	8	19		590	591	591.03.30	50%	sun ecl. über Süd-amerika
9	9	0	Copan 7 9. 9. 0. 0. 0 3 Ahaw 3 Sotz'	591	592			
9	9	1	Madrid S.82 - 9.9.1.9.3. - 7 / Piedra Labrada 4 - 9.9.1.7.1. - 10 Imix 19 Yak	592	593			
9	9	2	Quiriguá GP1 9. 9. 2. 0. 8 - 3 Lamat 1 Sotz'	593	594			
9	9	3		594	595			
9	9	4	Cobal 16 9. 9. 4. 4. 7 - 9 Manik' 10 Yaxk'in	595	596			
9	9	5	Altar de… ASac 18 9. 9. 5. 0. 0 9 Ahaw 18 Wo	596	597			

9	9	6		597	598			
9	9	7		598	599			
9	9	8		599	600			
9	9	9	Madrid S.10 - 9.9.9.5	600	601			
9	9	10	Copan P - 9. 9.10. 0. 0 2 Ahaw 13 Pop / Cobal 6 9. 9.10. 0. 0 - 2 Ahaw 13 Pop / Naachtun NAA 1 9. 9.10. 0. 0 - 2 Ahaw 13 Pop	601	602	602.02.27	60%	
9	9	11		602	603			
9	9	12		603	604	603.08.12	1	
9	9	13		604	605			
9	9	14	Copan HS 9. 9.14.17. 5 6 Chikc 18 K'ayab	605	606			
9	9	15	Altar de… ASac 8 9. 9.15. 0. 0 - 8 Ahaw 13 Kumk'u	606	607			
9	9	16		607	608			
9	9	17		608	609	608.10.14.	60%	sun eclipse
9	9	18		609	610	609.10.03. & 610.03.30	50% & 50%	2 x sun eclipse
9	9	19		610	611			
9	10	0	Altar de… ASac 9 9.10. 0. 0. 0 - 1 Ahaw 8 K'ayab	611	612			
9	10	1		612	613			
9	10	2		613	614			
9	10	3	Altar de… ASac 4 9.10. 3.17. 0 - 4 Ahaw 8 Muwan	614	615			
9	10	4		615	616			
9	10	5		616	617			
9	10	6	Piedras N. 36 9.10. 6. 5. 9 - 8 Muluk' 2 Sip	617	618			
9	10	7		618	619			
9	10	8		619	620			
9	10	9	Piedra Labrada 5 - 9.10.9.9.14 3 Hix 12 Xul	620	621			
9	10	10	Piedra Labrada 5 - 9.10.10.8.16	621	622			

9	10	11	Nim Li P NIM 14 9.18. 0. 0. 0 - 11 Ahaw 18 Mak / Palenque PAL PT 9.10.11.17. 0 - 11 Ahaw 8 Mak	622	623		623.01.06.	60%	sun eclipse
9	10	12		623	624		624.06.21.	80%	sun eclipse
9	10	13		624	625				
9	10	14		625	626				
9	10	15	Copan 12 9.10.15. 0. 0 6 Ahaw 13 Mak / Pul D 9.10.15. 0. 0 - 6 Ahaw 13 Mak / Piedra Labrada 5 - 9.10.15.7.4. 7 K'an 12 Wo & 9.10.15.7.4. 7 K'an 12 Wo	626	627				
9	10	16	Cay CAY DO 9.10.16. 8.14	627	628				
9	10	17	Altar de… ASac 5 9.10.11.12.17 - 6 Kaban 5 Ch'en	628	629				
9	10	18		629	630				
9	10	19	Copan Xx 9.10.19.X.Y. / Piedra Labrada 4 - 9.10.19.8.17. - 11 Kab'an 5 Sip	630	631				
9	11	0	Copan 13 9.11. 0. 0. 0 12 Ahaw 8 Keh / Tonina 9 9.11. 0. 0. 0 - 12 Ahaw 8 Keh	631	632				
9	11	1		632	633		632.08.03.	60%	sun eclipse
9	11	2	Cay CAY DO 9.10.16. 8.14 - 7 Ix 17 Sip	633	634				
9	11	3		634	635				
9	11	4	Piedra Labrada 4 - 9.11.4.2.1. - 10 Imix 19 Yak	635	636		635.11.15.	60%	sun eclipse
9	11	5		636	637				
9	11	6	Piedras N. L2 9.11. 6. 2. 1 3 Imix 19 Keh	637	638				
9	11	7		638	639		638.09.13.	70%	sun eclipse
9	11	8		639	640				
9	11	9	Piedras N. 35 9.11. 9. 8. 6 - 12 Kimi 9 Kumk'u	640	641				
9	11	10		641	642				
9	11	11		642	643		642.07.02.	70%	sun eclipse
9	11	12	Piedras N. 8 9.11.12. 7. 2 - 2 Ik 10 Pax	643	644				

9	11	13		644	645				
9	11	14		645	646				
9	11	15	Copan 5alt 9.11.15. 0. 0 4 Ahaw 13 Mol	646	647				
9	11	16	Yaxchilan 6 9.11.16.10.13 - 5 Ben 1 Wayeb	647	648				
9	11	17		648	649				
9	11	18		649	650	650.02.06.	60%	sun eclipse
9	11	19	Stele I. Maudslay Pl. 62/64 9.11.19.5.0	650	651				
9	12	0	Dos Pilas DPL 8 9.12. 0.10.11 13 Chuwan 19 K'ayab / Etzna ETZ 18 9.12. 0. 0. 0 10 Ahaw 8 Yaxk'in / Piedras N. 37 9.12. 0. 0. 0 - 10 Ahaw 8 Yaxk'in / Pul K 9.12. 0. 0. 0 10 Ahaw 8 Yaxk'in	651	652				
9	12	1		652	653	652.06.11.	20%	
9	12	2	Piedras N. 1 & 3 9.12. 2. 0.16 - 5 Kib 14 Yaxk'in	653	654				
9	12	3	Copan I 9.12. 3.14. 0 5 Ahaw 8 Wo	654	655				
9	12	4		655	656	656.03.31.	100%	
9	12	5		656	657				
9	12	6	Palenque PAL 18 9.12. 6. 5. 8 3 Lamat 6 Sak	657	658	657.09.13.	20%	
9	12	7		658	659				
9	12	8	Copan H' 9.12. 8. 3. 9 - 8 Muluk' 17 Mol / Yaxchilan HS3 9.12. 8.13. 1 - 5 Imix 9 Kumk'u	659	660				
9	12	9		660	661				
9	12	10	Copan 6 & Dos Pilas -9.12.10. 0. 0 9 Ahaw 18 Sotz' / Cobal 1 9.12.10. 5.12 - 4 Eb 10 Yax / Naranjo Nar 24 9.12.10. 5.12 - 4 Eb 10 Yax / Tonina 8 9.12.10. 0. 0 - 9 Ahaw 18 Sotz'	661	662				
9	12	11	Piedra Labrada 1 - 9.12.11.6.9.	662	663	662.11.16.	60%	sun eclipse
9	12	12	Dos Pilas DPL HS 9.12.12.11. 2 2 Ik 10 Muwan	663	664	663.11.05. & 664.05.01	30% & 80%	2 x sun eclipse

9	12	13		664	665				
9	12	14		665	666				
9	12	15	Naranjo 22 9.12.15.13. 7 - 9 Manik' 20 Pax / Petén Estela 6 de Piedras Negras 9.12.15.0.0. 1 Ahaw 13 Sip	666	667				
9	12	16		667	668				
9	12	17		668	669				
9	12	18	Quiriguá GP4 9.12.18. 1. 1 - 11 Imix 19 Sip	669	670				
9	12	19	Palenque TFC & TS 9.12.19.14.12 - 5 Eb 5 K'ayab	670	671				
9	13	0	Madrid S.25 - 9.13. / Piedras N. 11 9.13. 0. 0. 0 - 8 Ahaw 8 Wo / Piedra Labrada 1 - 9.13.0.0.0.	671	672				
9	13	1		672	673				
9	13	2		673	674				
9	13	3	Copan HS 9.13. 3. 6. 8 7 Lamat 1 Mol	674	675				
9	13	4		675	676				
9	13	5	Madrid S.43 - 9.13.5.	676	677				
9	13	6		677	678				
9	13	7		678	679				
9	13	8		679	680				
9	13	9		680	681				
9	13	10	Copan J 9.13.10. 0. 0 7 Ahaw 3 Kumk'u & Dresdner S. 50 / Palenque PAL PT 9.13.10. 6. 8 - 5 Lamat 6 Xul	681	682	682.05.13	20%	sun eclipse
9	13	11		682	683				
9	13	12	Dresdner S. 49 - 9.13.12.10 / Piedra Labrada 4 - 9.13.12.3.17. - 11 Kab'an 5 Sip	683	684				
9	13	13		684	685	684.09.15	60%	sun eclipse
9	13	14		685	686				
9	13	15		686	687				
9	13	16		687	688				

9	13	17	Yaxchilán Dintels 29-30 9.13.17.12.10 8 Ok 13 Yax	688	689			
9	13	18	Copan HS 9.13.18.17.19 9 Kawak 17 Muwan / Naranjo Nar 23 9.13.18. 4.18 - 8 Etz'n... 16 Wo	689	690	689.12.17.	100%	sun eclipse
9	13	19		690	691			
9	14	0	Cobal / Dos Pilas / Etzna 9.14. 0. 0. 0 - 6 Ahaw 13 Muwan / Piedras N. 3 9.14. 0. 0. 0 6 Ahaw 13 Muwan	691	692			
9	14	1	Yaxchilan L46 9.14. 1.17.14 - 5 Ix 17 K'ank'in	692	693			
9	14	2	Piedra Labrada 2 9.14.2.2.6.	693	694			
9	14	3	Naranjo Nar 30 9.14. 3. 0. 0 - 7 Ahaw 18 K'ank'in	694	695			
9	14	4		695	696			
9	14	5	Bln 1 - 9.14. 5. 0. 0 - 12 Ahaw 8 K'ank'in / Tonina 136 - 9.14. 5. 0. 0 - 12 Ahaw 8 K'ank'in / Piedra Labrada 2 - 9.14.5.2.9.	696	697	696.08.03. & 696.02.08	100%	2 x sun ec-lipse!
9	14	6	Piedra Labrada 4 - 9.14.6.15.1. - 10 Imix 19 Yak	697	698	697.07.23	50%	
9	14	7		698	699			
9	14	8	Palenque PT 9.14. 8.14.15 - 9 Men 3 Yax	699	700			
9	14	9		700	701			
9	14	10	Palenque 9.14.10.4.2. / Calakmul 9.14.10.0.0. / Nim Li P NIM 15 9.14.10. 0. 0 - 5 Ahaw 3 Mak	701	702			
9	14	11	Bonampak Zur 9.14.11. 5. 8 - 5 Lamat 6 Kumk'u	702	703			
9	14	12	Yaxchilan Dindel 26 - 9.14.12.6.12.2.	703	704	704.03.10.	60%	sun eclipse
9	14	13	Stele in Quirigua 9.14.13.4.17 12 Caban 5 Kayeb	704	705			
9	14	14	Yaxchilan L26 9.14.14.13.17 - 6 Kaban 15 Yaxk'in	705	706			
9	14	15	Copan Til 9.14.15. 0. 0 11 Ahaw 18 Sak / Naranjo Nar 18 9.14.15. 0. 0 11 Ahaw 18 Sak	706	707			
9	14	16		707	708			
9	14	17	Escalinata Jeroglífica 3 de Yax-chilán 9.14.17.15.11. - 2 Chuen	708	709			

			14 Mol					
9	14	18	Cay No 9.14.18.15. 1 1 Imix 19 Yaxk'in / Monumento 161 Tonina chiapas 9.14.18.14.12 - 5 Eb 10 Yayk'In	709	710	710.05.03.	80%	sun eclipse
9	14	19	Copan A 9.14.19. 8. 0 - 12 Ahaw 18 Kumk'u / Calakmul 51 9.14.19. 5. 0 - 4 Ahaw 18 Muwan & 9.14.19.17.0. 10 Ajaw 13 Chen / Clevelan Clv Lin 9.14.19. 9.12 - 5 Eb 5 Wo	710	711			
9	15	0	Estela 2 de Arroyo de Pietra 9.15.0.0.0. / Calakmul 52 9.15. 0. 0. 0 - 4 Ahaw 13 Yax & 89 9.15. 0. 0.14 - 5 Ix 7 Sak / La Flori... 9 9.15. 0. 0. 0 - 4 Ahaw 13 Yax / Panel de Zurich - 9.15.0.13.6. / Dindel 3 Bonampark 9.15.0.13.6.	711	712	711.10.16.	60%	sun eclipse
9	15	1		712	713			
9	15	2		713	714			
9	15	3		714	715			
9	15	4	Dos Pilas DPL 16 9.15. 4. 6. 4 - 8 K'an 17 Muwan / Itzan or... ITZ 17 9.15. 4.15. 3 5 Ak'bal 11 Xul	715	716			
9	15	5		716	717	716.12.18	60%	sun ecl. über Nordamerika
9	15	6	Yaxchilan LS6 9.15. 6.13. 1 - 7 Imix 19 Sip	717	718	717.12.07	20%	sun ecl. über Südamerika
9	15	7		718	719			
9	15	8		719	720			
9	15	9		720	721			
9	15	10	Piedras N. 10 9.15.10. 0. 0 - 3 Ahaw 3 Mol / Pru 27 9.15.10. 0. 0 - 3 Ahaw 3 Mol	721	722	722.03.21	15%	sun ecl. über

								Nord-ameri-ka
9	15	11		722	723			
9	15	12	Xcaret? TI 9.15.12. 6. 9 - 7 Muluk' 2 K'ank'in	723	724			
9	15	13	Seibal HS 9.15.13.13. 0 - 4 Ahaw 3 Wo	724	725			
9	15	14		725	726			
9	15	15	Quiriguá S 9.15.15. 0. 0 - 9 Ahaw 18 Xul / Piedra Labrada 5 - 9.15.15.4.10 3 Hix 12 Xul / Panel de Zurich - 9.15.15.0.0. / Dindel 3 Bonampark - 9.15.15.0.0.	726	727			
9	15	16		727	728	728.05.13	60%	sun ecl. über Nord-ameri-ka
9	15	17	Dindel de Kuna-Lakanha - 9.15.17.2.3	728	729			
9	15	18	Piedras N. L3 9.15.18. 3.13 - 5 Ben 16 Ch'en	729	730			
9	15	19		730	731			
9	16	0	Cay L1 9.16. 0. 2.16 - 6 Kib 9 Molb / Piedra Labrada 5 - 9.16.0.15.4. 7 K'an 12 Wo	731	732			
9	16	1	Yaxchilán Dintels 29-31 - 9.16.1.0.0 11 Ajaw 8 Sek	732	733			
9	16	2		733	734			
9	16	3	Balakbal BAL 7 9.16. 3. 5.14 - 13 Ix 12 Yax	734	735			
9	16	4	Yaxchilán T116 - 9.16.4.1.1 & Templo 10L-26 9.16.4.1.0. / Piedra Labrada 4 - 9.16.4.16.17 - 11 Kab'an 5 Sip	735	736			
9	16	5	Copan M 9.16. 5. 0. 0 8 Ahaw 8 Sotz' / Piedras N. 14 9.16. 6.17. 1 - 7 Imix 19 Wo	736	737	736.06.13.	60%	sun eclipse
9	16	6	Yaxchilán T116 9.16.6.0.0. / Piedras N. 14 9.16. 6.17. 1 - 7 Imix 19 Wo	737	738			
9	16	7	Quiriguá GP9 9.16. 7. 7.17 - 1	738	739			

			Kaban 15 Sak						
9	16	8		739	740				
9	16	9		740	741				
9	16	10	Copan N 9.16.10. 0. 0 1 Ahaw 3 Sip / Quiriguá F 9.16.10. 0. 0 1 - Ahaw 3 Sip / Sacul 1 9.16.10. 0. 0 1 Ahaw 3 Sip	741	742				
9	16	11		742	743				
9	16	12	Copan T11 9.16.12. 5.17 6 Kaban 10 Mol / CRC 3 9.16.12. 4. 6 - 1 Kimi 19 Xul	743	744		743.07.25 . & 744.01.19	70% & 100%	2 x sun eclipse
9	16	13	Copan T11 9.16.13.0.0. & Dintels T116 - Yaxchilán Dintel 33 / Quiriguá Dw 9.16.13. 4.17 - 8 Kaban 5 Yaxk'in	744	745				
9	16	14		745	746				
9	16	15	Quiriguá De & J 9.16.15. 0. 0 - 7 Ahaw 18 Pop	746	747				
9	16	16		747	748				
9	16	17	Yaxchilán T116 9.16.17.6.2.	748	749				
9	16	18		749	750		750.03.12.	80%	sun eclipse
9	16	19	Piedra Labrada 4 - 9.16.19.10.1. - 10 Imix 19 Yak	750	751				
9	17	0	Yaxchilán Dintels 29-30 9.17.0.0.0. / Naranjo Nar 13 9.17. 0. 0. 0 - 13 Ahaw 18 Kumk'u / Quiriguá Ee 9.17. 0. 0. 0 - 13 Ahaw 18 Kumk'u / Tonina 3 9.17. 0. 0. 0 -13 Ahaw 18 Kumk'u	751	752				
9	17	1		752	753				
9	17	2	Copan T1l 9.17. 2.12.16 1 Kib 19 Keh	753	754				
9	17	3		754	755				
9	17	4		755	756				
9	17	5	Quiriguá A 9.17. 5. 0. 0 - 6 Ahaw 13 K'ayab / Edificio 1 de Bonampak 9.17.5.8.9.9. / Dindel de Kuna-Lakanha - 9.17.5.8.9.	756	757				
9	17	6		757	758				

9	17	7		758	759			
9	17	8		759	760			
9	17	9	Ixkun IXK 2 9.17. 9. 0.13 - 3 Ben 6 K'ayab	760	761			
9	17	10	Cobal 20 9.17.10. 0. 0 - 12 Ahaw 8 Pax / Quiriguá B 9.17.10. 0. 0 - 12 Ahaw 8 Pax	761	762	761.07.09	50%	
9	17	11		762	763			
9	17	12		763	764			
9	17	13	Naranjo Nar 14 9.17.13. 4. 3 5 Ak'bal 11 Pop	764	765			
9	17	14	Quiriguá O 9.17.14.16.18 - 9 Etz'n… 1 K'ank'in	765	766	765.11.17.	70%	sun eclipse
9	17	15	Quiriguá G 9.17.15. 0. 0 - 5 Ahaw 3 Muwan	766	767			
9	17	16		767	768			
9	17	17		768	769			
9	17	18		769	770			
9	17	19		770	771			
9	18	0	Bonampak Ptg 9.18. 0. 3. 4 - 10 K'an 2 K'ayab / Ixkun IXK 1 9.18. 0. 0. 0 - 11 Ahaw 18 Mak / Nim Li P… NIM 14 9.18. 0. 0. 0 - 11 Ahaw 18 Mak / Sacul 9 9.18. 0. 0. 0 11 Ahaw 18 Mak	771	772	772.01.09.	50%	sun eclipse
9	18	1	Edificio 1 de Bonampak 9.18.1.2.0.	772	773			
9	18	2		773	774			
9	18	3		774	775			
9	18	4		775	776			
9	18	5	Piedras N. 12 9.18. 5. 0. 0 - 4 Ahaw 13 Keh / Quiriguá P 9.18. 5. 0. 0 - 4 Ahaw 13 Keh	776	777			
9	18	6		777	778			
9	18	7		778	779			
9	18	8		779	780			
9	18	9	Palenque PAL IS 9.18. 9. 4. 4 - 7 K'an 17 Muwan	780	781			
9	18	10	Naranjo Nar 8 9.18.10. 0. 0 - 10 Ahaw 8 Sak / Quiriguá I 9.18.10. 0. 0 - 10 Ahaw 8 Sak	781	782			

9	18	11			782	783	783.06.04.	70%	sun eclipse
9	18	12			783	784			
9	18	13			784	785			
9	18	14			785	786			
9	18	15			786	787			
9	18	16			787	788			
9	18	17	Piedra Labrada 4 - 9.18.17.11.17 11 Kab'an 5 Sip		788	789			
9	18	18			789	790			
9	18	19			790	791	790.07.16.	90%	sun eclipse
9	19	0	Quiriguá HS 9.19. 0. 0. 0 - 9 Ahaw 18 Mol		791	792			
9	19	1			792	793			
9	19	2			793	794			
9	19	3			794	795			
9	19	4			795	796			
9	19	5			796	797			
9	19	6			797	798	797.08.26. & 798.02.20	100 % & 90%	2 x sun eclipse
9	19	7			798	799			
9	19	8			799	800			
9	19	9			800	801			
9	19	10			801	802			
9	19	11	Dresdner S. 49 - 9.19.11.13		802	803			
9	19	12	Piedra Labrada 4 - 9.19.12.5.1. - 10 Imix 19 Yak		803	804	804.04.13.	50%	sun eclipse
9	19	13	Dresdner S. 48 - 9.19.13.12.8		804	805			
9	19	14			805	806	805.09.26.	60%	sun eclipse
9	19	15			806	807			
9	19	16			807	808			
9	19	17			808	809			
9	19	18			809	810			
9	19	19			810	811			

10	0	0		811	812			
10	0	1		812	813			
10	0	2		813	814			
10	0	3		814	815			
10	0	4		815	816			
10	0	5		816	817			
10	0	6		817	818			
10	0	7		818	819			
10	0	8		819	820			
10	0	9		820	821			
10	0	10		821	822			
10	0	11		822	823			
10	0	12		823	824			
10	0	13		824	825			
10	0	14		825	826	826.02.10.	90%	sun eclipse
10	0	15		826	827			
10	0	16		827	828			
10	0	17		828	829			
10	0	18		829	830	830.05.25.	60%	sun eclipse
10	0	19		830	831			
10	1	0		831	832			
10	1	1		832	833			
10	1	2		833	834			
10	1	3	Madrid S. 85 - 10.1.3.3.2.6.9.10.8.5	834	835			
10	1	4		835	836			
10	1	5		836	837			
10	1	6		837	838	837.07.06.	60%	sun eclipse
10	1	7		838	839			
10	1	8		839	840			
10	1	9		840	841			
10	1	10		841	842			

10	1	11		842	843			
10	1	12		843	844			
10	1	13		844	845	844.08.17.	50%	sun eclipse
10	1	14		845	846			
10	1	15		846	847			
10	1	16		847	848			
10	1	17		848	849			
10	1	18		849	850			
10	1	19		850	851			
10	2	0		851	852	851.09.28. & 852.03.24	70% & 20%	2 x sun eclipse
10	2	1		852	853	853.03.13.	20%	sun eclipse
10	2	2		853	854			
10	2	3		854	855	854.07.28.	20%	sun eclipse
10	2	4	Dresdner S. 50 - Korrigiert! 10.2.4.	855	856	855.07.17. & 856.01.11	60% & 60%	2 x sun eclipse
10	2	5		856	857			sun eclipse
10	2	6	C. Madrid S.10 - 10.2.6.8.	857	858	858.05.16.	80%	sun eclipse
10	2	7		858	859			
10	2	8		859	860	859.10.29.	80%	sun eclipse
10	2	9	Chichen T I 10. 2. 9. 1. 9 - 9 Muluk' 7 Sak	860	861			
10	2	10		861	862			
10	2	11		862	863			
10	2	12		863	864			
10	2	13		864	865			
10	2	14		865	866			
10	2	15		866	867			
10	2	16		867	868			
10	2	17		868	869	869.04.15.	50%	sun eclipse

10	2	18		869	870			
10	2	19		870	871			
10	3	0		871	872			
10	3	1		872	873			
10	3	2		873	874			
10	3	3		874	875			
10	3	4		875	876			
10	3	5		876	877	877.05.16.	70%	sun eclipse
10	3	6		877	878			
10	3	7		878	879			
10	3	8		879	880	880.03.14.	100%	sun eclipse
10	3	9		880	881			
10	3	10		881	882			
10	3	11		882	883			
10	3	12		883	884			
10	3	13		884	885	884.06.26.	100%	sun eclipse
10	3	14		885	886			
10	3	15		886	887			
10	3	16		887	888			
10	3	17		888	889			
10	3	18		889	890			
10	3	19		890	891			
10	4	0		891	892			
10	4	1		892	893			
10	4	2		893	894			
10	4	3		894	895			
10	4	4		895	896			
10	4	5		896	897			
10	4	6		897	898			
10	4	7		898	899			
10	4	8		899	900			

10	4	9		900	901			
10	4	10		901	902			
10	4	11		902	903			
10	4	12		903	904			
10	4	13		904	905			
10	4	14		905	906			
10	4	15		906	907			
10	4	16		907	908			
10	4	17		908	909			
10	4	18		909	910	910.02.12.	70%	sun eclipse
10	4	19		910	911			
10	5	0		911	912			
10	5	1		912	913			
10	5	2		913	914			
10	5	3		914	915			
10	5	4		915	916			
10	5	5		916	917			
10	5	6		917	918			
10	5	7		918	919			
10	5	8		919	920			
10	5	9		920	921			
10	5	10		921	922			
10	5	11		922	923			
10	5	12	Madrid S. 26 - 10.5.12.	923	924	924.05.06.	100%	sun eclipse
10	5	13		924	925			
10	5	14		925	926			
10	5	15		926	927			
10	5	16		927	928			
10	5	17		928	929			
10	5	18		929	930			
10	5	19		930	931	931.06.18.	80%	sun eclipse

10	6	0		931	932			
10	6	1		932	933			
10	6	2		933	934	934.04.16.	60%	sun eclipse
10	6	3		934	935			
10	6	4		935	936			
10	6	5		936	937			
10	6	6		937	938			
10	6	7		938	939	938.07.29.	50%	sun eclipse
10	6	8		939	940			
10	6	9		940	941			
10	6	10		941	942			
10	6	11		942	943			
10	6	12		943	944			
10	6	13		944	945			
10	6	14		945	946			
10	6	15		946	947			
10	6	16		947	948			
10	6	17		948	949			
10	6	18		949	950			
10	6	19		950	951			
10	7	0		951	952			
10	7	1		952	953			
10	7	2		953	954	953.10.10.	50%	sun eclipse
10	7	3		954	955			
10	7	4		955	956	956.02.14	70%	sun eclipse
10	7	5		956	957			
10	7	6		957	958			
10	7	7		958	959			
10	7	8		959	960			
10	7	9		960	961			

10	7	10		961	962			
10	7	11		962	963			
10	7	12		963	964	964.03.16.	100%	sun eclipse
10	7	13		964	965			
10	7	14		965	966			
10	7	15		966	967			
10	7	16		967	968	968.01.02.	80%	sun eclipse
10	7	17		968	969			
10	7	18		969	970			
10	7	19		970	971	971.04.27.	60%	sun eclipse
10	8	0		971	972			
10	8	1		972	973			
10	8	2		973	974			
10	8	3		974	975			
10	8	4		975	976			
10	8	5		976	977			
10	8	6		977	978			
10	8	7		978	979	979.05.28.	50%	sun eclipse
10	8	8		979	980			
10	8	9		980	981			
10	8	10		981	982			
10	8	11		982	983			
10	8	12		983	984			
10	8	13		984	985			
10	8	14		985	986			
10	8	15		986	987	987.01.02.	50%	sun eclipse
10	8	16		987	988			
10	8	17		988	989			
10	8	18		989	990			
10	8	19		990	991			
10	9	0		991	992			

10	9	1		992	993			
10	9	2	Madrid S.27 - 10.9.2.11.2.13	993	994			
10	9	3		994	995			
10	9	4		995	996	995.12.24. & 996.06.18	60% & 80%	2 x sun eclipse
10	9	5		996	997			
10	9	6		997	998			
10	9	7		998	999			
10	9	8		999	1'000			
10	9	9		1'000	1'001			
10	9	10		1'001	1'002			
10	9	11		1'002	1'003			
10	9	12		1'003	1'004			
10	9	13		1'004	1'005			
10	9	14		1'005	1'006			
10	9	15		1'006	1'007			
10	9	16		1'007	1'008			
10	9	17		1'008	1'009	1008.10.31.	50%	sun eclipse
10	9	18		1'009	1'010	1010.03.18.	90%	sun eclipse
10	9	19		1'010	1'011			
10	10	0		1'011	1'012	1011.08.31.	80%	sun eclipse
10	10	1		1'012	1'013			
10	10	2		1'013	1'014			
10	10	3		1'014	1'015			
10	10	4		1'015	1'016			
10	10	5		1'016	1'017			
10	10	6		1'017	1'018	1018.04.18.	80%	sun eclipse
10	10	7		1'018	1'019			
10	10	8		1'019	1'020			
10	10	9		1'020	1'021			
10	10	10		1'021	1'022			

10	10	11		1'022	1'023			
10	10	12		1'023	1'024			
10	10	13		1'024	1'025	1025.05.29.	100%	sun eclipse
10	10	14		1'025	1'026			
10	10	15		1'026	1'027			
10	10	16		1'027	1'028			
10	10	17		1'028	1'029			
10	10	18		1'029	1'030			
10	10	19		1'030	1'031			
10	11	0		1'031	1'032	1032.05.24		venus transit
10	11	1		1'032	1'033			
10	11	2		1'033	1'034			
10	11	3	Dresdner S. 49 - 10.11.3.18.14	1'034	1'035			
10	11	4		1'035	1'036	1035.11.02	80%	sun eclipse
10	11	5		1'036	1'037			
10	11	6		1'037	1'038			
10	11	7		1'038	1'039			
10	11	8		1'039	1'040			
10	11	9		1'040	1'041	1040.08.10.	50%	sun eclipse
10	11	10		1'041	1'042			
10	11	11		1'042	1'043			
10	11	12		1'043	1'044			
10	11	13		1'044	1'045			
10	11	14		1'045	1'046			
10	11	15		1'046	1'047			
10	11	16		1'047	1'048			
10	11	17		1'048	1'049			
10	11	18		1'049	1'050	1050.01.25.	80%	sun eclipse
10	11	19		1'050	1'051			
10	12	0		1'051	1'052	1051.07.10	20%.8%	sun eclipse

10	12	1		1'052	1'053			
10	12	2	Dresdner S. 50 - mit Korrektur: 10.12.2.12	1'053	1'054	April 1054	Super-Nova	April 1054
10	12	3		1'054	1'055			
10	12	4		1'055	1'056			
10	12	5		1'056	1'057			
10	12	6	Dresdner S. 45 - 10.12.6.5.2.7	1'057	1'058	1057.09.01.	90%	sun eclipse
10	12	7		1'058	1'059			
10	12	8		1'059	1'060			
10	12	9	Dresdner S.19 - 10.12.9.8.....	1'060	1'061			
10	12	10		1'061	1'062			
10	12	11		1'062	1'063	1062.12.03.	60%	sun eclipse
10	12	12	Dresdner S.22 - 10.12.12.11.	1'063	1'064			
10	12	13		1'064	1'065			
10	12	14		1'065	1'066	1065.10.02.	60%	sun eclipse
10	12	15		1'066	1'067			
10	12	16		1'067	1'068			
10	12	17		1'068	1'069			
10	12	18		1'069	1'070			
10	12	19		1'070	1'071			
10	13	0		1'071	1'072			
10	13	1		1'072	1'073			
10	13	2		1'073	1'074			
10	13	3		1'074	1'075			
10	13	4		1'075	1'076			
10	13	5		1'076	1'077			
10	13	6		1'077	1'078			
10	13	7		1'078	1'079			
10	13	8		1'079	1'080			
10	13	9		1'080	1'081			
10	13	10		1'081	1'082			

10	13	11		1'082	1'083	1083.04.19.	80%	sun eclipse
10	13	12		1'083	1'084			
10	13	13		1'084	1'085			
10	13	14		1'085	1'086			
10	13	15		1'086	1'087			
10	13	16		1'087	1'088			
10	13	17		1'088	1'089			
10	13	18		1'089	1'090			
10	13	19		1'090	1'091			
10	14	0		1'091	1'092			
10	14	1		1'092	1'093			
10	14	2		1'093	1'094			
10	14	3		1'094	1'095	1094.09.12.	60%	sun eclipse
10	14	4		1'095	1'096			
10	14	5		1'096	1'097			
10	14	6		1'097	1'098	1097.07.11.	80%	sun eclipse
10	14	7		1'098	1'099			
10	14	8		1'099	1'100			
10	14	9		1'100	1'101			
10	14	10		1'101	1'102			
10	14	11		1'102	1'103			
10	14	12		1'103	1'104			
10	14	13		1'104	1'105			
10	14	14		1'105	1'106	1105.08.11.	70%	sun eclipse
10	14	15		1'106	1'107			
10	14	16		1'107	1'108			
10	14	17		1'108	1'109			
10	14	18		1'109	1'110			
10	14	19		1'110	1'111			
10	15	0		1'111	1'112	1111.10.04.	100%	sun eclipse
10	15	1		1'112	1'113			

10	15	2		1'113	1'114			
10	15	3		1'114	1'115			
10	15	4		1'115	1'116	1116.01.16	70%	sun eclipse
10	15	5		1'116	1'117			
10	15	6		1'117	1'118			
10	15	7		1'118	1'119			
10	15	8		1'119	1'120			
10	15	9		1'120	1'121			
10	15	10		1'121	1'122			
10	15	11		1'122	1'123			
10	15	12		1'123	1'124			
10	15	13		1'124	1'125			
10	15	14		1'125	1'126			
10	15	15		1'126	1'127			
10	15	16		1'127	1'128			
10	15	17		1'128	1'129			
10	15	18		1'129	1'130	1130.04.09.	50%	sun eclipse
10	15	19		1'130	1'131			
10	16	0		1'131	1'132			
10	16	1		1'132	1'133			
10	16	2		1'133	1'134			
10	16	3		1'134	1'135			
10	16	4		1'135	1'136			
10	16	5		1'136	1'137	1137.05.21.	80%	sun eclipse
10	16	6		1'137	1'138			
10	16	7		1'138	1'139			
10	16	8		1'139	1'140			
10	16	9		1'140	1'141			
10	16	10		1'141	1'142			
10	16	11		1'142	1'143			
10	16	12		1'143	1'144			

10	16	13		1'144	1'145			
10	16	14		1'145	1'146			
10	16	15		1'146	1'147			
10	16	16		1'147	1'148			
10	16	17		1'148	1'149			
10	16	18		1'149	1'150			
10	16	19		1'150	1'151			
10	17	0		1'151	1'152	1151.08.13.	60%	sun eclipse
10	17	1		1'152	1'153			
10	17	2		1'153	1'154			
10	17	3		1'154	1'155			
10	17	4		1'155	1'156			
10	17	5		1'156	1'157			
10	17	6		1'157	1'158			
10	17	7		1'158	1'159			
10	17	8		1'159	1'160			
10	17	9		1'160	1'161			
10	17	10		1'161	1'162			
10	17	11		1'162	1'163			
10	17	12		1'163	1'164			
10	17	13	Dresdner S. 49 - 10.17.13.12.12	1'164	1'165			
10	17	14		1'165	1'166	1165.11.05.	100%	sun eclipse
10	17	15		1'166	1'167			
10	17	16		1'167	1'168			
10	17	17		1'168	1'169			
10	17	18		1'169	1'170	1170.02.17.	70%	sun eclipse
10	17	19		1'170	1'171			
10	18	0		1'171	1'172			
10	18	1		1'172	1'173			
10	18	2		1'173	1'174			
10	18	3		1'174	1'175			

10	18	4		1'175	1'176			
10	18	5		1'176	1'177	1177.03.31.	70%	sun eclipse
10	18	6		1'177	1'178			
10	18	7		1'178	1'179			
10	18	8		1'179	1'180	1180.01.28.	50%	sun eclipse
10	18	9		1'180	1'181			
10	18	10		1'181	1'182	1181.07.13	60%	sun eclipse
10	18	11		1'182	1'183			
10	18	12		1'183	1'184	1184.05.11.	80%	sun eclipse
10	18	13		1'184	1'185			
10	18	14		1'185	1'186			
10	18	15		1'186	1'187			
10	18	16		1'187	1'188			
10	18	17		1'188	1'189			
10	18	18		1'189	1'190			
10	18	19		1'190	1'191			
10	19	0		1'191	1'192			
10	19	1		1'192	1'193			
10	19	2		1'193	1'194			
10	19	3		1'194	1'195			
10	19	4		1'195	1'196			
10	19	5		1'196	1'197	1196.09.23.	90%	sun eclipse
10	19	6		1'197	1'198			
10	19	7		1'198	1'199			
10	19	8		1'199	1'200			
10	19	9		1'200	1'201			
10	19	10		1'201	1'202			
10	19	11		1'202	1'203			
10	19	12		1'203	1'204			
10	19	13		1'204	1'205			
10	19	14		1'205	1'206	1205.09.1	60%	sun

							4.		eclipse
10	19	15			1'206	1'207			
10	19	16			1'207	1'208			
10	19	17			1'208	1'209			
10	19	18			1'209	1'210			
10	19	19			1'210	1'211			
11	0	0			1'211	1'212			
11	0	1			1'212	1'213			
11	0	2			1'213	1'214			
11	0	3			1'214	1'215			
11	0	4			1'215	1'216			
11	0	5			1'216	1'217			
11	0	6			1'217	1'218			
11	0	7			1'218	1'219			
11	0	8			1'219	1'220	1219.12.08.	80%	sun eclipse
11	0	9			1'220	1'221			
11	0	10			1'221	1'222			
11	0	11			1'222	1'223			
11	0	12			1'223	1'224			
11	0	13			1'224	1'225			
11	0	14			1'225	1'226			
11	0	15			1'226	1'227			
11	0	16			1'227	1'228			
11	0	17			1'228	1'229			
11	0	18			1'229	1'230			
11	0	19			1'230	1'231	1231.05.03.	60%	
11	1	0			1'231	1'232			sun eclipse
11	1	1			1'232	1'233			
11	1	2			1'233	1'234			
11	1	3			1'234	1'235			
11	1	4			1'235	1'236			
11	1	5			1'236	1'237			

11	1	6		1'237	1'238	1238.06.13	50%	sun eclipse
11	1	7		1'238	1'239			
11	1	8	Madrid S.18 - 11.1.8.12	1'239	1'240			
11	1	9		1'240	1'241			
11	1	10		1'241	1'242			
11	1	11		1'242	1'243			
11	1	12		1'243	1'244			
11	1	13		1'244	1'245			
11	1	14		1'245	1'246			
11	1	15		1'246	1'247	1247.01.08.	100%	sun eclipse
11	1	16		1'247	1'248			
11	1	17		1'248	1'249			
11	1	18		1'249	1'250			
11	1	19		1'250	1'251			
11	2	0		1'251	1'252			
11	2	1		1'252	1'253			
11	2	2		1'253	1'254	1253.08.25.	60%	sun eclipse
11	2	3		1'254	1'255			
11	2	4		1'255	1'256			
11	2	5		1'256	1'257			
11	2	6		1'257	1'258			
11	2	7		1'258	1'259			
11	2	8		1'259	1'260			
11	2	9		1'260	1'261			
11	2	10		1'261	1'262			
11	2	11		1'262	1'263			
11	2	12		1'263	1'264			
11	2	13		1'264	1'265	1264.07.24.	50%	sun eclipse
11	2	14		1'265	1'266			
11	2	15		1'266	1'267			
11	2	16		1'267	1'268			

11	2	17		1'268	1'269			
11	2	18		1'269	1'270			
11	2	19		1'270	1'271	1271.03.12.	60%	sun eclipse
11	3	0		1'271	1'272			
11	3	1		1'272	1'273			
11	3	2		1'273	1'274			
11	3	3		1'274	1'275	1275.05.25-26		venus transit
11	3	4		1'275	1'276			
11	3	5		1'276	1'277			
11	3	6		1'277	1'278			
11	3	7		1'278	1'279	1279.04.12.	80%	sun eclipse
11	3	8		1'279	1'280			
11	3	9		1'280	1'281			
11	3	10		1'281	1'282			
11	3	11		1'282	1'283			
11	3	12		1'283	1'284			
11	3	13		1'284	1'285			
11	3	14		1'285	1'286			
11	3	15		1'286	1'287			
11	3	16		1'287	1'288			
11	3	17		1'288	1'289			
11	3	18		1'289	1'290			
11	3	19		1'290	1'291			
11	4	0		1'291	1'292			
11	4	1		1'292	1'293			
11	4	2		1'293	1'294			
11	4	3		1'294	1'295			
11	4	4		1'295	1'296	1296.05.03.	50%	sun eclipse
11	4	5		1'296	1'297			
11	4	6		1'297	1'298			
11	4	7		1'298	1'299			

11	4	8		1'299	1'300				
11	4	9		1'300	1'301	1301.02.09.	100%	sun eclipse
11	4	10		1'301	1'302				
11	4	11		1'302	1'303				
11	4	12		1'303	1'304				
11	4	13		1'304	1'305				
11	4	14		1'305	1'306				
11	4	15		1'306	1'307				
11	4	16		1'307	1'308				
11	4	17		1'308	1'309				
11	4	18		1'309	1'310				
11	4	19		1'310	1'311				
11	5	0		1'311	1'312	1311.07.16.	100%	sun eclipse
11	5	1		1'312	1'313				
11	5	2		1'313	1'314				
11	5	3		1'314	1'315				
11	5	4		1'315	1'316				
11	5	5		1'316	1'317				
11	5	6		1'317	1'318				
11	5	7		1'318	1'319	1318.08.26.	100%	sun eclipse
11	5	8		1'319	1'320				
11	5	9		1'320	1'321				
11	5	10		1'321	1'322				
11	5	11		1'322	1'323				
11	5	12		1'323	1'324				
11	5	13		1'324	1'325	1325.04.13.	100%	sun eclipse
11	5	14		1'325	1'326				
11	5	15		1'326	1'327				
11	5	16		1'327	1'328				
11	5	17		1'328	1'329				
11	5	18		1'329	1'330				

11	5	19		1'330	1'331			
11	6	0		1'331	1'332			
11	6	1		1'332	1'333			
11	6	2		1'333	1'334			
11	6	3		1'334	1'335			
11	6	4		1'335	1'336			
11	6	5		1'336	1'337			
11	6	6		1'337	1'338			
11	6	7		1'338	1'339			
11	6	8		1'339	1'340			
11	6	9		1'340	1'341	1340.06.25	70%	sun eclipse
11	6	10		1'341	1'342			
11	6	11		1'342	1'343			
11	6	12		1'343	1'344			
11	6	13		1'344	1'345			
11	6	14		1'345	1'346			
11	6	15		1'346	1'347			
11	6	16		1'347	1'348			
11	6	17		1'348	1'349			
11	6	18		1'349	1'350			
11	6	19		1'350	1'351	1351.05.25.	60%	sun eclipse
11	7	0		1'351	1'352			
11	7	1		1'352	1'353			
11	7	2		1'353	1'354			
11	7	3		1'354	1'355	1355.03.14.	100%	sun eclipse
11	7	4		1'355	1'356			
11	7	5		1'356	1'357			
11	7	6		1'357	1'358			
11	7	7		1'358	1'359			
11	7	8		1'359	1'360			
11	7	9		1'360	1'361			

11	7	10	Dresdner S.20 - 11.7.10.4 - 9.13	1'361	1'362			
11	7	11		1'362	1'363	1362.10.18	60%	
11	7	12		1'363	1'364	1363.10.07	60%	
11	7	13		1'364	1'365			
11	7	14		1'365	1'366	1365.08.17.	60%	sun eclipse
11	7	15		1'366	1'367			
11	7	16		1'367	1'368			
11	7	17		1'368	1'369	1368.12.10.	50%	sun eclipse
11	7	18		1'369	1'370			
11	7	19		1'370	1'371			
11	8	0		1'371	1'372			
11	8	1		1'372	1'373	1372.09.27.	100%	sun eclipse
11	8	2		1'373	1'374			
11	8	3		1'374	1'375			
11	8	4		1'375	1'376			
11	8	5		1'376	1'377			
11	8	6		1'377	1'378			
11	8	7		1'378	1'379			
11	8	8		1'379	1'380			
11	8	9		1'380	1'381			
11	8	10		1'381	1'382			
11	8	11		1'382	1'383	1383.03.04.	80%	sun eclipse
11	8	12		1'383	1'384			
11	8	13		1'384	1'385			
11	8	14		1'385	1'386			
11	8	15		1'386	1'387			
11	8	16		1'387	1'388			
11	8	17		1'388	1'389			
11	8	18		1'389	1'390			
11	8	19		1'390	1'391			

11	9	0		1'391	1'392				
11	9	1		1'392	1'393				
11	9	2		1'393	1'394				
11	9	3		1'394	1'395	1395.01.21.	60%	sun eclipse
11	9	4		1'395	1'396				
11	9	5		1'396	1'397	1396.11.23		venus transit
11	9	6		1'397	1'398	1398.05.16	70%	sun eclipse
11	9	7		1'398	1'399				
11	9	8		1'399	1'400				
11	9	9		1'400	1'401				
11	9	10		1'401	1'402				
11	9	11		1'402	1'403	1402.08.28.	90%	sun eclipse
11	9	12		1'403	1'404				
11	9	13		1'404	1'405				
11	9	14		1'405	1'406	1405.06.26.	100%	sun eclipse
11	9	15		1'406	1'407				
11	9	16		1'407	1'408				
11	9	17		1'408	1'409				
11	9	18		1'409	1'410				
11	9	19		1'410	1'411				
11	10	0		1'411	1'412				
11	10	1		1'412	1'413				
11	10	2		1'413	1'414				
11	10	3		1'414	1'415				
11	10	4		1'415	1'416				
11	10	5		1'416	1'417	1416.11.19	60%	sun eclipse
11	10	6		1'417	1'418				
11	10	7		1'418	1'419				
11	10	8		1'419	1'420				
11	10	9		1'420	1'421				

11	10	10		1'421	1'422			
11	10	11		1'422	1'423			
11	10	12		1'423	1'424			
11	10	13		1'424	1'425			
11	10	14		1'425	1'426			
11	10	15		1'426	1'427	1426.10.30.	70%	sun eclipse
11	10	16		1'427	1'428			
11	10	17		1'428	1'429			
11	10	18		1'429	1'430			
11	10	19		1'430	1'431			
11	11	0		1'431	1'432			
11	11	1		1'432	1'433			
11	11	2		1'433	1'434			
11	11	3		1'434	1'435			
11	11	4		1'435	1'436			
11	11	5	C. Madrid S.10 11.11.5.3.	1'436	1'437	1437.04.05.	90%	sun eclipse
11	11	6		1'437	1'438			
11	11	7		1'438	1'439			
11	11	8		1'439	1'440			
11	11	9		1'440	1'441			
11	11	10		1'441	1'442			
11	11	11		1'442	1'443			
11	11	12		1'443	1'444			
11	11	13		1'444	1'445			
11	11	14		1'445	1'446			
11	11	15	Dresdner S.52 - 11.11.15.14	1'446	1'447			
11	11	16		1'447	1'448			
11	11	17		1'448	1'449			
11	11	18		1'449	1'450			
11	11	19		1'450	1'451			
11	12	0		1'451	1'452	1452.06.17.	90%	sun eclipse

11	12	1		1'452	1'453			
11	12	2		1'453	1'454			
11	12	3		1'454	1'455			
11	12	4		1'455	1'456			
11	12	5		1'456	1'457	1456.09.29.	70%	sun eclipse
11	12	6		1'457	1'458			
11	12	7		1'458	1'459			
11	12	8		1'459	1'460	1459.07.29.	50%	sun eclipse
11	12	9		1'460	1'461			
11	12	10		1'461	1'462			
11	12	11		1'462	1'463			
11	12	12		1'463	1'464			
11	12	13		1'464	1'465			
11	12	14		1'465	1'466			
11	12	15		1'466	1'467	1466.09.09.	90%	sun eclipse
11	12	16		1'467	1'468			
11	12	17		1'468	1'469			
11	12	18		1'469	1'470			
11	12	19		1'470	1'471			
11	13	0		1'471	1'472			
11	13	1		1'472	1'473			
11	13	2		1'473	1'474			
11	13	3		1'474	1'475			
11	13	4		1'475	1'476			
11	13	5		1'476	1'477	1477.02.13.	100%	sun eclipse
11	13	6		1'477	1'478			
11	13	7		1'478	1'479			
11	13	8		1'479	1'480			
11	13	9		1'480	1'481	1481.05.28.	100%	sun eclipse
11	13	10		1'481	1'482			
11	13	11		1'482	1'483			

11	13	12		1'483	1'484				
11	13	13		1'484	1'485				
11	13	14		1'485	1'486				
11	13	15		1'486	1'487				
11	13	16		1'487	1'488				
11	13	17		1'488	1'489				
11	13	18		1'489	1'490				
11	13	19		1'490	1'491				
11	14	0		1'491	1'492				
11	14	1		1'492	1'493				
11	14	2		1'493	1'494				
11	14	3		1'494	1'495				
11	14	4		1'495	1'496				
11	14	5		1'496	1'497		1496.08.08.	100%	sun eclipse
11	14	6		1'497	1'498				
11	14	7		1'498	1'499				
11	14	8		1'499	1'500				
11	14	9		1'500	1'501				
11	14	10		1'501	1'502				
11	14	11		1'502	1'503				
11	14	12		1'503	1'504				
11	14	13		1'504	1'505				
11	14	14		1'505	1'506				
11	14	15		1'506	1'507				
11	14	16		1'507	1'508		1508.01.02.	50%	sun eclipse
11	14	17		1'508	1'509				
11	14	18		1'509	1'510				
11	14	19		1'510	1'511				
11	15	0		1'511	1'512				
11	15	1		1'512	1'513				
11	15	2		1'513	1'514				
11	15	3		1'514	1'515				

11	15	4		1'515	1'516			
11	15	5		1'516	1'517			
11	15	6		1'517	1'518			
11	15	7		1'518	1'519			
11	15	8		1'519	1'520			
11	15	9		1'520	1'521			
11	15	10		1'521	1'522	1521.09.30.	50%	sun eclipse
11	15	11		1'522	1'523			
11	15	12		1'523	1'524			
11	15	13		1'524	1'525			
11	15	14		1'525	1'526	1526.05.23		venus transit
11	15	15		1'526	1'527			
11	15	16		1'527	1'528			
11	15	17		1'528	1'529			
11	15	18		1'529	1'530			
11	15	19		1'530	1'531			
11	16	0		1'531	1'532			
11	16	1		1'532	1'533			
11	16	2		1'533	1'534			
11	16	3		1'534	1'535			
11	16	4		1'535	1'536			
11	16	5		1'536	1'537			
11	16	6		1'537	1'538			
11	16	7		1'538	1'539			
11	16	8		1'539	1'540			
11	16	9		1'540	1'541			
11	16	10		1'541	1'542			
11	16	11		1'542	1'543			
11	16	12		1'543	1'544			
11	16	13		1'544	1'545			
11	16	14		1'545	1'546			
11	16	15		1'546	1'547			

11	16	16		1'547	1'548				
11	16	17		1'548	1'549				
11	16	18		1'549	1'550				
11	16	19		1'550	1'551				
11	17	0		1'551	1'552				
11	17	1		1'552	1'553				
11	17	2		1'553	1'554				
11	17	3		1'554	1'555				
11	17	4		1'555	1'556				
11	17	5		1'556	1'557				
11	17	6		1'557	1'558				
11	17	7		1'558	1'559				
11	17	8		1'559	1'560				
11	17	9		1'560	1'561				
11	17	10		1'561	1'562				
11	17	11		1'562	1'563				
11	17	12		1'563	1'564				
11	17	13		1'564	1'565				
11	17	14		1'565	1'566				
11	17	15		1'566	1'567				
11	17	16		1'567	1'568				
11	17	17		1'568	1'569				
11	17	18		1'569	1'570				
11	17	19		1'570	1'571				
11	18	0		1'571	1'572				
11	18	1		1'572	1'573				
11	18	2		1'573	1'574				
11	18	3		1'574	1'575				
11	18	4		1'575	1'576				
11	18	5		1'576	1'577				
11	18	6		1'577	1'578				
11	18	7		1'578	1'579				
11	18	8		1'579	1'580				

11	18	9		1'580	1'581				
11	18	10		1'581	1'582				
11	18	11		1'582	1'583				
11	18	12		1'583	1'584				
11	18	13		1'584	1'585				
11	18	14		1'585	1'586				
11	18	15		1'586	1'587				
11	18	16		1'587	1'588				
11	18	17		1'588	1'589				
11	18	18		1'589	1'590				
11	18	19		1'590	1'591				
11	19	0		1'591	1'592				
11	19	1		1'592	1'593				
11	19	2		1'593	1'594				
11	19	3		1'594	1'595				
11	19	4		1'595	1'596				
11	19	5		1'596	1'597				
11	19	6		1'597	1'598				
11	19	7		1'598	1'599				
11	19	8		1'599	1'600				
11	19	9		1'600	1'601				
11	19	10		1'601	1'602				
11	19	11		1'602	1'603				
11	19	12		1'603	1'604				
11	19	13		1'604	1'605				
11	19	14		1'605	1'606				
11	19	15		1'606	1'607				
11	19	16		1'607	1'608				
11	19	17		1'608	1'609				
11	19	18		1'609	1'610				
11	19	19		1'610	1'611				
12	0	0		1'611	1'612				
12	0	1		1'612	1'613				

12	0	2		1'613	1'614			
12	0	3		1'614	1'615			
12	0	4		1'615	1'616			
12	0	5		1'616	1'617			
12	0	6		1'617	1'618			
12	0	7		1'618	1'619			
12	0	8		1'619	1'620			
12	0	9		1'620	1'621			
12	0	10		1'621	1'622			
12	0	11		1'622	1'623			
12	0	12		1'623	1'624			
12	0	13		1'624	1'625			
12	0	14		1'625	1'626			
12	0	15		1'626	1'627			
12	0	16		1'627	1'628			
12	0	17		1'628	1'629			
12	0	18		1'629	1'630			
12	0	19		1'630	1'631			
12	1	0		1'631	1'632			
12	1	1		1'632	1'633	16321.10.13	80%	sun eclipse
12	1	2		1'633	1'634			
12	1	3		1'634	1'635			
12	1	4		1'635	1'636			
12	1	5		1'636	1'637	1637.06.21	50%	sun eclipse
12	1	6		1'637	1'638			
12	1	7		1'638	1'639			
12	1	8		1'639	1'640			
12	1	9		1'640	1'641			
12	1	10		1'641	1'642			
12	1	11		1'642	1'643			
12	1	12		1'643	1'644	1644.03.08	60% 0%	sun eclipse

12	1	13	Dresdner S. 47 - 12.1.13.9.4.13	1'644	1'645				
12	1	14		1'645	1'646				
12	1	15		1'646	1'647				
12	1	16		1'647	1'648				
12	1	17		1'648	1'649				
12	1	18		1'649	1'650				
12	1	19		1'650	1'651				
12	2	0		1'651	1'652				
12	2	1		1'652	1'653				
12	2	2		1'653	1'654				
12	2	3		1'654	1'655				
12	2	4		1'655	1'656				
12	2	5		1'656	1'657				
12	2	6		1'657	1'658				
12	2	7		1'658	1'659				
12	2	8		1'659	1'660				
12	2	9		1'660	1'661				
12	2	10		1'661	1'662				
12	2	11		1'662	1'663				
12	2	12		1'663	1'664				
12	2	13		1'664	1'665				
12	2	14		1'665	1'666				
12	2	15		1'666	1'667				
12	2	16		1'667	1'668				
12	2	17		1'668	1'669				
12	2	18		1'669	1'670				
12	2	19		1'670	1'671				
12	3	0		1'671	1'672				
12	3	1		1'672	1'673				
12	3	2		1'673	1'674				
12	3	3		1'674	1'675				
12	3	4		1'675	1'676				
12	3	5		1'676	1'677				

12	3	6		1'677	1'678				
12	3	7		1'678	1'679				
12	3	8		1'679	1'680				
12	3	9		1'680	1'681				
12	3	10		1'681	1'682				
12	3	11		1'682	1'683				
12	3	12		1'683	1'684				
12	3	13		1'684	1'685				
12	3	14		1'685	1'686				
12	3	15		1'686	1'687				
12	3	16		1'687	1'688				
12	3	17		1'688	1'689				
12	3	18		1'689	1'690				
12	3	19		1'690	1'691				
12	4	0		1'691	1'692				
12	4	1		1'692	1'693				
12	4	2		1'693	1'694				
12	4	3		1'694	1'695				
12	4	4		1'695	1'696				
12	4	5		1'696	1'697				
12	4	6		1'697	1'698				
12	4	7		1'698	1'699				
12	4	8		1'699	1'700				
12	4	9		1'700	1'701				
12	4	10		1'701	1'702				
12	4	11		1'702	1'703				
12	4	12		1'703	1'704				
12	4	13		1'704	1'705				
12	4	14		1'705	1'706				
12	4	15		1'706	1'707				
12	4	16		1'707	1'708				
12	4	17		1'708	1'709				
12	4	18		1'709	1'710				

12	4	19		1'710	1'711				
12	5	0		1'711	1'712				
12	5	1		1'712	1'713				
12	5	2		1'713	1'714				
12	5	3	Datum auf den Wänden des Grabes von Xultún 12.5.3.3.0.	1'714	1'715				
12	5	4		1'715	1'716				
12	5	5		1'716	1'717				
12	5	6		1'717	1'718				
12	5	7		1'718	1'719				
12	5	8		1'719	1'720				
12	5	9		1'720	1'721				
12	5	10		1'721	1'722				
12	5	11		1'722	1'723				
12	5	12		1'723	1'724				
12	5	13		1'724	1'725				
12	5	14		1'725	1'726				
12	5	15		1'726	1'727				
12	5	16		1'727	1'728				
12	5	17		1'728	1'729				
12	5	18		1'729	1'730				
12	5	19		1'730	1'731				
12	6	0		1'731	1'732				
12	6	1		1'732	1'733				
12	6	2		1'733	1'734				
12	6	3		1'734	1'735				
12	6	4		1'735	1'736				
12	6	5		1'736	1'737				
12	6	6		1'737	1'738				
12	6	7		1'738	1'739				
12	6	8		1'739	1'740				

12	6	9		1'740	1'741			
12	6	10		1'741	1'742			
12	6	11		1'742	1'743			
12	6	12		1'743	1'744			
12	6	13		1'744	1'745			
12	6	14		1'745	1'746	1745.09.25.	100%	sun eclipse
12	6	15		1'746	1'747			
12	6	16		1'747	1'748			
12	6	17		1'748	1'749			
12	6	18		1'749	1'750			
12	6	19		1'750	1'751			
12	7	0		1'751	1'752			
12	7	1		1'752	1'753			
12	7	2		1'753	1'754			
12	7	3		1'754	1'755			
12	7	4		1'755	1'756			
12	7	5		1'756	1'757			
12	7	6		1'757	1'758			
12	7	7		1'758	1'759			
12	7	8		1'759	1'760			
12	7	9		1'760	1'761			
12	7	10		1'761	1'762			
12	7	11		1'762	1'763			
12	7	12		1'763	1'764			
12	7	13		1'764	1'765			
12	7	14		1'765	1'766			
12	7	15		1'766	1'767			
12	7	16		1'767	1'768			
12	7	17		1'768	1'769			
12	7	18		1'769	1'770			
12	7	19		1'770	1'771			
12	8	0		1'771	1'772			

12	8	1		1'772	1'773			
12	8	2		1'773	1'774			
12	8	3		1'774	1'775			
12	8	4		1'775	1'776			
12	8	5		1'776	1'777			
12	8	6		1'777	1'778			
12	8	7		1'778	1'779			
12	8	8		1'779	1'780			
12	8	9		1'780	1'781	1781.04.28	80%	sun eclipse
12	8	10		1'781	1'782	1782.04.12.	20%	sun ecl. über Nord-amerika
12	8	11	Lapida Dupaix 12.8.11.0.0. ??	1'782	1'783			
12	8	12		1'783	1'784			
12	8	13		1'784	1'785			
12	8	14		1'785	1'786			
12	8	15		1'786	1'787			
12	8	16		1'787	1'788			
12	8	17		1'788	1'789			
12	8	18		1'789	1'790			
12	8	19		1'790	1'791			
12	9	0		1'791	1'792			
12	9	1		1'792	1'793			
12	9	2		1'793	1'794			
12	9	3		1'794	1'795			
12	9	4		1'795	1'796			
12	9	5		1'796	1'797			
12	9	6		1'797	1'798			
12	9	7		1'798	1'799			
12	9	8		1'799	1'800			
12	9	9		1'800	1'801			

12	9	10		1'801	1'802				
12	9	11		1'802	1'803				
12	9	12		1'803	1'804				
12	9	13		1'804	1'805				
12	9	14		1'805	1'806				
12	9	15		1'806	1'807				
12	9	16		1'807	1'808				
12	9	17		1'808	1'809				
12	9	18		1'809	1'810				
12	9	19		1'810	1'811				
12	10	0		1'811	1'812				
12	10	1		1'812	1'813				
12	10	2		1'813	1'814				
12	10	3		1'814	1'815				
12	10	4		1'815	1'816				
12	10	5		1'816	1'817				
12	10	6		1'817	1'818				
12	10	7		1'818	1'819				
12	10	8		1'819	1'820				
12	10	9		1'820	1'821				
12	10	10		1'821	1'822				
12	10	11		1'822	1'823				
12	10	12		1'823	1'824				
12	10	13		1'824	1'825				
12	10	14		1'825	1'826				
12	10	15		1'826	1'827				
12	10	16		1'827	1'828				
12	10	17		1'828	1'829				
12	10	18		1'829	1'830				
12	10	19		1'830	1'831				
12	11	0		1'831	1'832				
12	11	1	Dresdner S. 28 - 12.11.1.9	1'832	1'833	1832.07.27	100 %	sun eclipse	

12	11	2		1'833	1'834				
12	11	3		1'834	1'835		1834.11.30.	100%	sun eclipse
12	11	4		1'835	1'836				